Zwergkaninchen

Zwergkaninchen

Michael Mettler

Auswahl, Pflege, Ernährung

Inhaltsverzeichnis

Wichtiges auf einen Blick

Vorwort

In einer Zeit, da die meisten Mietverträge die Haltung von Hund und Katze verbieten, erfreuen sich Zwergkaninchen besonders bei Stadtmenschen großer Beliebtheit. Kein Vermieter darf Ihnen die Haltung von ein oder zwei Kaninchen verbieten, solange diese nicht den Hausfrieden stören – was äußerst unwahrscheinlich ist. Durch sein aufgewecktes Verhalten, seine Kommunikationsfähigkeit (wenn auch „nur" durch leicht verständliche Körpersprache) und seine Anspruchslosigkeit empfiehlt sich das Zwergkaninchen als „Ersatzdackel" – gelegentliche Eigenwilligkeit eingeschlossen. Mit dieser Feststellung soll keineswegs die Wertschätzung des Kaninchens gemindert werden; wir holen uns ja auch Zimmerpflanzen ins Haus, wenn uns kein Gartengrün zugänglich ist, und lieben diese nicht weniger. Die Zeiten, in denen das Kaninchen lediglich Spieltier für Kinder war, sind vorbei; speziell in Single-Haushalten ist das muntere Langohr inzwischen ein beliebter Gast.
Das vorliegende Buch ist in erster Linie für Menschen gedacht, die ihr Kaninchen in der Wohnung halten, und von einem Liebhaber für Liebhaber geschrieben. Es soll eine Anleitung für Anfänger sein, Hintergrundwissen vermitteln und Tips geben, die vielleicht auch dem einen oder anderen Fortgeschrittenen nutzen können.
Unter anderem aus Platzgründen habe ich mich dazu entschieden, auf die Rassekaninchenzucht und den Bau von Zuchtanlagen außer Haus nicht näher einzugehen. Wer sich dafür interessiert, ist über den Stand des Grundwissens hinaus und sollte auf die umfangreiche Züchterliteratur zurückgreifen.
Viel Spaß mit diesem Buch und mit Ihrem Mümmelmann wünscht Ihnen

Michael Mettler

Ursprung und Geschichte der Kaninchen

Die Verwandtschaft der „Langohren“

Es wird Sie wahrscheinlich überraschen zu lesen, daß Kaninchen keine Nagetiere und folglich mit den beiden anderen klassischen Streicheltieren Goldhamster und Meerschweinchen nicht verwandt sind!
Aufgrund ihrer Nagezähne sah man auch Hasen und Kaninchen lange als Nager an. Allerdings fielen den Anatomen, vor allem, was das Gebiß betrifft, schon früher gewisse Unterschiede auf. Das wichtigste Merkmal der Hasentiere, wie sie zoologisch korrekt heißen, ist ein kleines Zahnpaar, das dicht hinter den oberen Nagezähnen sitzt und den echten Nagetieren fehlt; man nennt diese Zähne Stiftzähne. Wegen dieser Besonderheit gab man den Hasentieren früher den Namen Doppelzähner *(Duplicidentata)* und betrachtete sie als abweichende Gruppe der Nager. Erst zu Anfang dieses Jahrhunderts wurden die Hasentiere zu einer eigenen zoologischen Ordnung, den Lagomorpha, „befördert“.

Die Ausbildung eines Nagegebisses hat sich unabhängig von einer Verwandtschaft unter den Säugetieren mehrfach entwickelt. So finden sich meißelförmige Schneidezähne außer bei Nagern

Zwar nagt es, ist aber kein Nagetier (Farbenzwerg silber)

und Hasentieren auch bei den zu den Beuteltieren gehörenden Wombats und dem eigentümlichen, zu den Halbaffen zählenden Fingertier. Es handelt sich also um eine Parallelentwicklung aufgrund ähnlicher Ernährungsweise; in der Zoologie heißt dieses Phänomen Konvergenz.

Nach heutiger Ansicht sind die Hasentiere nicht einmal weitläufig mit den Nagetieren verwandt, haben also z.B. keine gemeinsamen Vorfahren. Anatomische Details sprechen für nähere Beziehungen zu den Huftieren, speziell zu den Paarhufern, zu denen Schweine, Kamele, Hirsche und Horntiere als bekannteste Gruppen gehören. Man hat auch schon vermutet, daß die Hasentiere den ausgestorbenen Urraubtieren nahestünden, die wiederum mit den Urhuftieren verwandt sein sollen. Die echten Nagetiere hingegen stellt man heute in die Nähe der Primaten, zu denen die Halbaffen, die Affen und auch die Menschen zählen.

Die Lagomorpha werden in zwei Familien unterteilt. Zu der Familie der Pfeifhasen *(Ochotonidae)* gehören rund 15 Arten kleiner Hasentiere mit recht einheitlichem Äußeren. Auf den ersten Blick könnte man die Pfeifhasen mit Hamstern oder Meerschweinchen verwechseln, doch sie sind echte Hasentiere. Pfeifhasen leben in den Gebirgen Asiens und Nordamerikas. Sie verständigen sich untereinander durch schrille Pfiffe.

Zu den Hasenartigen *(Leporidae)*, der zweiten und weitaus größeren Familie, gehören rund 45 Arten, die ursprünglich – mit Ausnahme Australiens – über alle Kontinente verbreitet waren; heute besiedeln ja bekanntlich europäische Wildkaninchen – vom Menschen mitgebracht – auch den kleinsten Erdteil. Zu den *Leporidae* zählen alle Arten, die wir als Hasen und Kaninchen bezeichnen. Zwei typische Vertreter dieser Familie sind der Feldhase und der Schneehase.

Hase oder Kaninchen?

Stöbern wir bei einem Spaziergang ein Langohr auf, bezeichnen wir es meistens als Hasen. Und auch bei den Haustieren ist immer von Stallhasen und Zwerghasen die Rede. Zoologisch korrekt ist diese Namensgebung aber nicht!

Vergleichen wir doch einmal die beiden Hasentiere, die wir in unserer mitteleuropäischen Heimat finden (die dritte Art, den Alpenschneehasen, berücksichtige ich wegen seines kleinen Verbreitungsgebietes hier nicht).

Da ist einmal der Feldhase *(Lepus europaeus*, heute auch *Lepus capensis* genannt). Mit stolzen 50 bis 76 cm Kopf-Rumpf-Länge erreicht er immerhin Katzengröße, und er kann durchaus 6,5 kg, in Ausnahmefällen bis 8 kg, wiegen.

Ohren und Beine sind sehr lang, die Ohren haben auffallende schwarze Spitzen. Der Bauch ist reinweiß, die Oberseite goldbraun mit Pfeffer-und-

Feldhase

Salz-Muster (sogenannte Agouti-Färbung). Die Iris des Auges ist deutlich heller als die Pupille, so daß der Blick des Feldhasen starr wirkt.
Dagegen ist das Europäische Wildkaninchen *(Oryctolagus cuniculus)* nur 38 bis 50 cm lang und 0,9 bis 2 kg, selten bis 3 kg, schwer bzw. leicht. Seine Ohren und seine Beine sind wesentlich kürzer, den Ohren fehlen die schwarzen Spitzen. Die Unterseite des Körpers ist grauweiß, die Oberseite grau

Wildkaninchen

oder graubraun mit einem rötlichen Dreieck im Nacken. Wegen der dunklen Iris der Augen wirkt das Wildkaninchen kulleräugig.
Noch deutlicher sind die Unterschiede beider Arten in der Lebensweise. Der Feldhase ist ein Steppentier und meidet weitgehend den dichten Wald. Er gräbt keine Höhlen, sondern scharrt sich einfache Bodenmulden, die der Jäger Sasse nennt. Bei Gefahr drückt er sich an den Boden oder in die Sasse und vertraut auf seine hervorragende Tarnfarbe. Erst bei Annäherung einer Gefahr springt er auf und flüchtet mit Höchstgeschwindigkeit.
Wildkaninchen hingegen bevorzugen deckungsreiches Gelände, also Buschland, Wald, Waldränder und Hügel. Sie graben Höhlen mit mehreren Eingängen, in die sie bei Gefahr fliehen und die auch als Ruhe- und Schlafplätze dienen. Kaninchen sind Sprinter, während Hasen auch über längere Strecken ein hohes Tempo (bis zu 70 km/h!) durchhalten können.
Auch in der Fortpflanzung sind die Unterschiede auffällig. Feldhasen werfen nach einer Tragzeit von 42 bis 43 Tagen zwei bis drei voll entwickelte Jungtiere, die also schon Fell tragen, die Augen geöffnet haben und lauffähig sind (Nestflüchter). Die Hasenmutter baut für sie kein Nest, die Jungen

Alle Hauskaninchen stammen vom Wildkaninchen ab: Der Farbenzwerg und der Deutsche Riese ...

... wie auch der Widderzwerg, hier alle in Grau (wildfarbig) gezeigt

lagern schon wie die erwachsenen Hasen in Bodenmulden.

Wildkaninchen haben eine kürzere Tragzeit (28 bis 31 Tage) und größere Würfe: bis neun, im Extremfall bis zu 14 Junge. Die Welpen werden in unterirdischen Nestkammern geboren, die die Mutter mit Haaren aus ihrem eigenen Bauchfell polstert. Bei der Geburt sind Kaninchen nackt, blind und völlig hilflos (Nesthocker).

Wenn Sie bei einem Spaziergang ein großes Langohr allein mitten auf einem Acker sitzen sehen, ist es wahrscheinlich der eher einzelgängerische Feldhase. Die kleinen grauen Flitzer hingegen, die sich rudelweise selbst neben vielbefahrenen Straßen tummeln, sich unter Zäunen durchgraben und die Gärtner durch Abfressen der Blumen ärgern, sind durchweg Wildkaninchen. Das Hakenschlagen bei der Flucht beherrschen übrigens beide Arten!

Hase und Kaninchen stehen also verwandtschaftlich zueinander wie etwa Hund und Fuchs. Da alle Rassen der Hauskaninchen, also sowohl die großen Schlachttiere wie auch die kleinen Zwergkaninchen, vom Wildkaninchen abstammen, sind die Bezeichnungen Stall- bzw. Zwerghase zoologisch falsch.

Körperbau und Sinnesleistungen

Über einige Besonderheiten des Körperbaues haben wir gesprochen. Sehen wir uns nun weitere Details an.

Die Ohren

Die langen Ohren sind das auffälligste Merkmal aller Hasenartigen. Sie dienen nicht nur als wichtiges Ausdrucksmittel, sondern auch als Temperaturregulatoren. Die gut durchbluteten Ohren strahlen nämlich überschüssige Körperwärme ab. Ist dem Kaninchen warm, fühlen sich die „Löffel" richtig heiß an. Frierende Kaninchen legen dagegen die Ohren dicht an den Körper an und verringern so die wärmeabstrahlende Oberfläche ihres Körpers. Als vor einigen Jahren eine Zeitungsmeldung aus England auftauchte, nach der ein Gärtner sein Gewächshaus sozusagen „mit Kaninchenohren heizte", also die Abstrahlung der Körperwärme ausnutzte, muß das keine „Ente" gewesen sein!

Die Augen

Sie sind groß und rund und befähigen das Kaninchen dazu, sich in der Dämmerung hervorragend zurechtzufinden. Sie müssen also keineswegs abends das Licht anlassen, wenn Ihr „Hoppel" gerade sein Betthupferl zu sich nimmt und Sie ins Bett gehen wollen! Daß das Auge nicht einfach aus einer riesigen, dunklen Pupille besteht, wird Ihnen spätestens dann klar, wenn Sie sich einmal ein Kaninchen mit blauen Augen ansehen. Hier hebt sich die schwarze Pupille deutlich von der leuchtendblauen Iris ab und verleiht dem Kaninchen einen etwas stechenden Blick.
Durch die seitliche Anordnung der Augen am Kopf hat das Kaninchen sozusagen einen Panoramablick, es kann so auch sehen, was hinter ihm vorgeht, ohne den Kopf wenden zu müssen.

Die seitlich sitzenden Augen ermöglichen dem Kaninchen einen „Rundumblick" (Farbenzwerg Weißgrannen blau)

Der Geruchssinn

Er ist beim Kaninchen sehr gut ausgeprägt. Alle in Frage kommenden Nahrungsmittel werden erst einer sorgfältigen Riechprobe unterzogen, bevor sich das Kaninchen zum Zubeißen entschließt. Die Nase zeigt aber noch eine Besonderheit: Sie ist bei einem wachen Kaninchen fast unablässig in Bewegung, um die Gerüche der Umgebung zu kontrollieren. Diese typische Bewegung kommt dadurch zustande, daß die Nüstern durch eine Hautfalte abgedeckt sind, die vom Kaninchen rhythmisch zurückgezogen wird. Man nennt das das Nasenblinzeln.

Die Hasenscharte

So nennt man die Oberlippe des Kaninchens; sie müßte zurückgezogen oder hochgestülpt werden, um die Nagezähne freizulegen. Das ist aber nicht nötig, da sie „gespalten" ist und somit eigentlich aus zwei Lippen besteht.

Die Schnurrhaare

Sie werden wie die einer Katze zum Tasten verwendet, wenn es sich – zum Beispiel in seinen unterirdischen Gängen – in der Dunkelheit vorwärtsbewegt. Auch über den Augen sitzen Tasthaare; sie signalisieren dem Kaninchen, wann es denKopf einziehen muß, um nicht an eine Wurzel zu stoßen.

Der Schnurrbart des Kaninchens dient zur Orientierung im Dunkeln per Tastsinn (Farbenzwerg grau)

Die Füße

Im Gegensatz zu Hund und Katze, Goldhamster und Meerschweinchen sind sie auch an den Sohlen mit Fell bewachsen, aus dem praktisch nur die langen Krallen herausragen, die als Hilfe beim Graben und als Spikes beim schnellen Laufen Verwendung finden. Durch die dichte Behaarung fällt gar nicht auf, daß die Zehen des Kaninchens (fünf am Vorderfuß, vier am Hinterfuß) recht lang sind – bis auf den Daumen des Vorderfußes.

Die Beine

Die langen Hinterbeine befähigen das Kaninchen zu schnellem Lauf; die kürzeren Vorderbeine verhindern dabei praktisch nur, daß das Tier zwischen den einzelnen Galoppsprüngen auf den Bauch fällt. Die ganze Laufkraft steckt nämlich in den Hinterbeinen, die den Körper buchstäblich vorwärtskatapultieren. Daher gehören Kaninchen und Hasen zu den wenigen Tieren, die bergauf schneller laufen können als bergab; abwärts würden sie sich nämlich sonst mit ihren gewaltigen Sätzen überschlagen! Wie lang die beim Sitzen und beim langsamen Hoppeln angewinkelten Hinterbeine in Wirklichkeit sind, wird deutlich, wenn Sie sich ein Kaninchen ansehen, das sich streckt. Übrigens merken Sie dann auch, daß die Hinterbeine entgegen häufig geäußerter Ansicht auch unabhängig voneinander bewegt werden können. Andernfalls wäre es dem Kaninchen auch gar nicht möglich, sie zu säubern!

Natürlich dienen die Vorderbeine nicht ausschließlich als Landehilfe zwischen den Sprüngen, sondern auch zu anderen Zwecken. So gräbt das Kaninchen damit, putzt sich Gesicht und Ohren und benutzt die bekrallten Vorderfüße als Schlagwaffen gegenüber Rivalen und Feinden. Sein Futter aber verzehrt es ohne Zuhilfenahme der Vorderpfoten, wie wir es auch vom Meerschweinchen kennen; Gegenstände festhalten kann es damit nicht.

Der Schwanz

Der kurze Schwanz wird in Witzzeichnungen immer als eine Art pusteblumenartiger Puschel dargestellt und heißt auch in der Jägersprache Blume. Bei genauem Hinsehen zeigt sich aber, daß nur die Schwanzunterseite so flaumig aussieht; die Schwanzoberseite

Die weiße Schwanzunterseite hat für Artgenossen Signalfunktion (Widderzwerg grau)

trägt dagegen eine kürzere, körperfarbene Behaarung. Normalerweise läßt das Kaninchen den Schwanz leicht hängen, so daß die dunklere Oberseite zu sehen ist. Bei Erregung aber stellt es den Schwanz hoch, und die leuchtendweiße Unterseite bildet ein weithin sichtbares Signal. Dieses wird sowohl im Werbeverhalten – also bei der Brautschau – als auch bei der Flucht als Warnsignal für Artgenossen verwendet und ist durch die hoppelnde Fortbewegung des Kaninchens besonders auffällig.

Das Fell

Das Fell des Kaninchens ist relativ langhaarig, wobei aber selbst die bei anderen Tieren recht steifen Grannenhaare sehr weich sind – die Unterwolle ist es natürlich erst recht. Fassen Sie ein Kaninchenfell an, und Sie wissen, warum das Tierchen als Streicheltier so beliebt ist; als Pelztier allerdings auch. Besonders weich ist das Fell im Nackenbereich, also in dem Dreieck zwischen den Ohren und dem Halsansatz. Dort läßt sich das Kaninchen auch am liebsten kraulen, sowohl von seinen Artgenossen als auch von uns Menschen. Um die Aufmerksamkeit seiner Artgenossen auf die Stelle zu lenken, trägt das sonst graue Wildkaninchen dort auffällige rostrote Haare. Soziale Fellpflege ist ein ganz besonderer Freundschaftsbeweis unter Kaninchen und für sie mit größtmöglichem Genuß verbunden!

Neugier (Zwergkaninchenmischling)

Drohhaltung (Farbenzwerg Weißgrannen blau)

Angst (Farbenzwerg deilenaar)

„Männchenmachen" wird oft zur Bettelgeste (Russenkaninchen)

Die Körpersprache des Kaninchens

Verhaltensweisen ...	... und was sie bedeuten	ergänzende Bemerkungen
Ohren aufgerichtet, nach vorn gedreht	Aufmerksamkeit, Neugier	Widderkaninchen können die Ohren nicht aufrichten noch zurücklegen (Muskulatur dafür verkümmert), daher sind sie schwerer zu „verstehen“
Ohren angelegt, dösender Gesichtsausdruck, entspannte Körperhaltung	„Jetzt möchte ich nicht gestört werden.“	
Ohren angelegt, gespannte Körperhaltung; weit aufgerissene Augen, zusammengekauerte Haltung	Angst	
angelegte Ohren, aufgerissene Augen, dabei plötzliche Bewegung vorwärts	Abwehr- und Drohgebärde bzw. Angriff	falls die Drohgebärde keinen Erfolg zeigt: Zuschlagen mit den Vorderbeinen
Reiben mit dem Kinn an Gegenständen	Markierverhalten mit der Kinndrüse	
Beschnuppern des Bodens, (evtl.) kurzes Scharren, plötzlich zur Seite fallen, oft mit verdrehten Augen	„Ich fühle mich pudelwohl und faulenze ein wenig.“	
plötzliches lautes Klopfen beider Hinterfüße auf den Boden	Alarm!	
heftiges Scharren in der Einstreu oder auf dem Teppich und Hineinbeißen	Abreagieren von Wut	
„Männchen“ machen	in der Natur notwendig zum Erkunden unübersichtlichen Geländes, zum Entdecken von Feinden	Da dieses Verhalten oft mit Leckerbissen belohnt wird, entwickelt es sich häufig zur Bettelgeste

Vom Wild- zum Heimtier

Wenn Sie heute eine muntere Schar von Wildkaninchen am Waldrand sehen, dürften Sie wohl kaum vermuten, daß es sich bei dieser Tierart um einen Einwanderer handelt. Aber es ist so, das Wildkaninchen gehört, wie übrigens auch Fasan und Damhirsch, ursprünglich nicht zu unserer heimischen Fauna!

Die Urheimat des Wildkaninchens sind die Iberische Halbinsel, also Spanien und Portugal, und Teile Nordafrikas. Spanien verdankt dem grauen Langohr sogar seinen heutigen Namen! Als die Phönizier, ein Völkerstamm aus Kleinasien, auf ihren ausgedehnten Seefahrten im Altertum auch auf die Iberische Halbinsel kamen, fielen ihnen die vielen grauen Tierchen auf. Sie erinnerten sie an ein Tier, das sie aus ihrer Heimat kannten: den Klippschliefer nämlich, der zwar wie ein großes Meerschweinchen aussieht, in Wirklichkeit aber ein naher Verwandter der Huftiere ist. Der Klippschliefer hieß in ihrer Sprache „Shaphan", und sie nannten das Land fortan „Ishaphan", das „Land der Klippschliefer". Die Römer verballhornten es später zu „Hispania", und daraus wurde das heutige „España" bzw. „Spanien". Genaugenommen ist Spanien das „Kaninchenland"!

Der umgekehrte Fehler unterlief später Martin Luther bei seiner Übersetzung der Bibel ins Deutsche. Er hatte nie etwas von Klippschliefern gehört und

Ursprünglich wurden Hauskaninchen zur Fleischgewinnung und damit auf Größe gezüchtet

konnte folglich ihren hebräischen Namen nicht übersetzen. Aber er konnte dem Text entnehmen, daß das Tier „Shaphan“ in Erdhöhlen lebte und ein Pflanzenfresser war, und so übersetzte er es mit „Kaninchen“.
Schon die Römer erkannten den Nutzen des Kaninchens als Fleischlieferant, während der Feldhase als Haustier zu wenig fruchtbar und vor allem zu schreckhaft war. In den Leporarien, durch Mauern umfriedeten Kleingehegen, brachen sich die weite Räume gewohnten Hasen bei Fluchtversuchen das Genick. Deswegen ging man auf die Haltung des Wildkaninchens über. Dieses war zwar genauso schreckhaft, konnte aber Zuflucht in den Höhlen finden, die es sich im Leporarium grub und die ihm Sicherheit vermittelten. Es vermehrte sich gut, und von Zeit zu Zeit wurden einige Tiere mit Pfeil und Bogen erlegt. Besonders die Römerinnen waren über diese Jagdmöglichkeit erfreut, war ihnen doch die gefährliche Jagd ihrer Männer auf Bären und Auerochsen verwehrt.
Noch heute ist es übrigens schwierig, eingefangene Kaninchen oder Hasen an das Leben in Käfigen oder Gehegen zu gewöhnen – falls man nicht ganz kleine Jungtiere fängt und sie mit der Flasche aufzieht. Um so höher ist die Leistung französischer Mönche und

Die Färbung des Holländerkaninchens (hier in Schwarz) gehört zu den ältesten Farbschlägen des Hauskaninchens

Nonnen zu bewerten, die im frühen Mittelalter begannen, mit Hilfe besonders ruhiger Wildkaninchen ein Haustier heranzuzüchten. Das Kaninchen bot sich als Nutztier der „kleinen Leute“ an; es ließ sich leicht ernähren, brauchte nicht viel Platz und lieferte neben dem Fleisch auch noch ein weiches Fell. Sicherlich mögen Kinder in jener Zeit auch schon Kaninchen als Streicheltiere benutzt haben, aber im Vordergrund stand doch immer das Nutztier.
Schon bald wurden die ersten Rassen herausgezüchtet; immer größere Kaninchen mit zugleich immer ruhigerem Wesen waren das Zuchtziel.
Um einheitlichere Felle für Mäntel zu bekommen, begann man, bestimmte Farbschläge reinrassig zu züchten.

Einer der frühesten Farbschläge war das sogenannte Holländerkaninchen: weiß mit schwarzen Ohren, einem großen schwarzen Fleck um jedes Auge und schwarzem Hinterteil.
In der Mitte des 12. Jahrhunderts kamen die ersten Hauskaninchen nach Deutschland, und hier wiederum in die Klöster. Neben der neuen Haustierart wurden aber seit jeher auch noch Wildkaninchen in Gehegen, die den römischen Leporarien ähnelten, zum Jagdvergnügen gehalten. Diese Sitte breitete sich über Frankreich hinweg bis nach England aus. Dort benutzte man statt Gattern auch gern kleine Inseln, auf denen Kaninchen ausgesetzt und der Vermehrung überlassen wurden. Nach Deutschland gelangten die ersten Wildkaninchen um 1300 (also später als ihre zahmen Abkömmlinge!).

Auch das Lohkaninchen (hier das besonders attraktive Schwarzloh) gehört zu den kleineren Rassen

In bewährter Weise wurden die vermutlich aus England stammenden Tiere vorerst auf der Nordseeinsel Amrum ausgesetzt; auf das Festland siedelten sie erst später über. Entkommene Kaninchen gründeten überall in unserem Lande, wie auch andernorts in Europa, Kolonien, und so wurde das Wildkaninchen zu einem „Gastarbeiter“, der heute aus unserer Landschaft kaum mehr wegzudenken ist.
Ende des 18. Jahrhunderts traten unter den Hauskaninchen die ersten langhaarigen Angorakaninchen und die hängeohrigen Widderkaninchen auf. Und erst zu Anfang dieses Jahrhunderts begannen Züchter, besonders kleinwüchsige Kaninchen heranzuziehen, die weniger der Nutzung als vielmehr der Freude am Tier dienten. Erst jetzt startete das Kaninchen mit großen Schritten seine Karriere als Heim- und Streicheltier!

Echte und falsche „Zwerge“

Die erste Zwergrasse, die aus dem Hauskaninchen herausgezüchtet wurde, war das Hermelinkaninchen. Hermelin ist der zweite Name des Großen Wiesels, einer Marderart, die sich im Winter ein weißes Fell zulegt und seit jeher kostbare Pelze lieferte. Weiße polnische Kaninchen gelangten nach England, und die englischen Züchter

Aus dem Hermelinkaninchen (hier Hermelin blauäugig) ...

... wurden durch Einkreuzung anderer Rassen die Farbenzwerge gezüchtet (Farbenzwerg schwarz)

fanden Gefallen daran, aus ihnen kleinere und rundlichere Tiere zu züchten. Später kamen die ersten Hermeline nach Deutschland, und hier erhielt die Rasse ihr heutiges Aussehen. Hermelinkaninchen sind Albinos, haben also rote Augen und ein weißes Fell. Neben den rotäugigen gibt es aber auch seit langer Zeit blauäugige Hermeline, die jedoch wesentlich seltener gehalten werden und im Zoohandel kaum auftauchen.

Nun ist das Hermelinkaninchen nicht nur einfach ein verkleinerter „Stallhase", sondern hat völlig andere Körperproportionen als seine großen Verwandten – daher seine große Beliebtheit als Heimtier!

Nach dem deutschen Rassestandard dürfen Hermeline zwischen 1,1 und 1,25 kg wiegen. Der extrem kurze Kopf, der scheinbar ohne Hals auf den Schultern sitzt, gibt dem Tier ein pausbäckiges Aussehen. Wichtig sind die kurzen, eng zusammenstehenden Ohren, die 5,5 cm Länge nicht überschreiten dürfen. Der Körper ist walzenförmig, so daß das Kaninchen insgesamt eine sehr kompakte Form besitzt. Durch die rundlichen Körperformen wirken auch ausgewachsene Hermelinkaninchen wie Jungtiere und regen den menschlichen Pflege- und Kuscheltrieb besonders an.

Niederländischen Züchtern gelang es, durch Kreuzung von Hermelinen mit

großen Rassen auch farbige Zwergkaninchen zu züchten. Im Jahre 1939 kamen die ersten „Farbenzwerge“ nach Deutschland, doch das war ein sehr ungünstiger Zeitpunkt; keines davon überstand den Zweiten Weltkrieg. Ende der vierziger Jahre wurden sie zum zweiten Mal importiert, und durch erneute Einkreuzung von Hermelinkaninchen entstand das heutige Aussehen der Rasse, die seit 1956 dem gleichen Standard unterliegt wie die Hermeline. Genaugenommen sind die Farbenzwerge also nichts anderes als farbige Hermeline.
Neben diesen Rassetieren, die zwar bei Züchtern häufig, in Zoogeschäften aber selten zu finden sind, gibt es andere kleine, aber rasselose Tiere. Das klingt abschätzig, soll es aber nicht sein! Rasselos bedeutet:

Wichtig: Bei rasselosen Tieren gibt es keine einheitlichen Farbschläge, die rein gezüchtet werden, und auch die Variation in Größe und Proportionen ist beträchtlich. Wir haben also nur eine Art Promenadenmischung vor uns. Natürlich sind die nicht standardisierten Zwerge nicht weniger liebenswert!

Nachteilig ist das uneinheitliche Aussehen der falschen Zwergkaninchen nur deswegen, weil sie oft nicht halten, was sie versprechen. Als Jungtiere im Käfig der Zoohandlung sind sie nämlich genauso winzig wie die echten Farbenzwerge, aber oft werden sie später viel größer! Erkennbar sind sie allerdings an ihren Körperproportionen, die wesentlich gestreckter sind als die der Farbenzwerge. Der Hals ist deutlich sichtbar, der Kopf ist länger, und länger sind vor allem auch die „Löffel“, die außerdem weiter auseinander auf dem Kopf sitzen. Diese Tiere stellen das Gros aller Kaninchen im Zoohandel. Man achte also auf den feinen Unterschied zwischen Farbenzwerg und Zwergkaninchen!

Im direkten Vergleich ist der Unterschied zwischen „echtem“ und „falschem“ Zwergkaninchen leicht zu erkennen. Das Jungtier eines rasselosen Kleinkaninchens vorn hat bereits deutlich längere Ohren als der ausgewachsene Farbenzwerg dahinter

Farbenzwerge siam, rot und grau

Farbenzwerge Weißgrannen blau, russenfarbig und grau

Buntes Zwergenvolk

Bei den echten Farbenzwergen gibt es eine mittlerweile stattliche Anzahl von Farbschlägen und Fellzeichnungen, die in reinen Zuchtstämmen gezüchtet werden; aufgrund der großen Beliebtheit der echten Zwerge kommen ständig neue hinzu bzw. werden von den großen Kaninchenrassen durch Einkreuzen und gezielte Zuchtwahl auf die Zwerge „übertragen".
Dieses Buch wendet sich in erster Linie an den Halter eines oder mehrerer „Wohnungskaninchen", die üblicherweise aus dem Zoohandel stammen und somit selten echte Farbenzwerge sind. Deshalb möchte ich hier auf eine Beschreibung sämtlicher Farbschläge verzichten und auf die auf den Fotos gezeigte Auswahl verweisen.

Unser Tip

Ausführliche Informationen über Kaninchenrassen, Farbschläge und Vererbung erhält man bei einem Züchterverein oder aus der umfangreichen Fachliteratur.

Die im Handel überwiegend vertretenen Kleinkaninchenmischlinge bieten eine noch größere Farbenvielfalt, weil einige Fellfarben bzw. Zeichnungsmuster in der Rassezucht unerwünscht sind und als Fehlfarben aussortiert werden. Dazu zählen z.B. schwarze Kaninchen mit kleinen weißen Abzeichen an Lippen, Brust und/oder Pfoten oder unregelmäßig gescheckte Tiere; Liebhaber mögen aber genau diese beiden Typen besonders gern.

Weitere kleine Kaninchenrassen

Prinzipiell läßt sich jede Kaninchenrasse auch als Streicheltier in der Wohnung halten, doch möchte ich mich hier aus gutem Grund auf die Rassen beschränken, denen Sie gemeinhin in Zoohandlungen begegnen. Wer sich auch für andere Rassen interessiert, dem empfehle ich weiterführende Literatur, wie sie für Kleintierzüchter auf dem Markt ist.

Neben den überwiegend angebotenen Zwergkaninchenmischlingen und den seltener erhältlichen Farbenzwergen haben sich in den letzten Jahren vor allem die Widderzwerge etabliert. Als „Widder“ bezeichnet man im Deutschen die Kaninchenrassen mit Hängeohren; der auf den ersten Blick merkwürdige Name leitet sich von ihrem ramsnasigen Kopfprofil ab, welches auch für verschiedene Schafrassen typisch ist. Mir selbst gefällt die in England gebräuchliche Kurzbezeichnung „Loppy“ besser (engl. „lop-eared“ = schlappohrig).

Auch Widder waren ursprünglich große bis sehr große Kaninchen und wurden erst in jüngerer Zeit systematisch „verzwergt“. Die Widderzwerge stellen heute eine eigene Rasse dar, die wegen ihres teils lustigen, teils melancholischen Aussehens einen festen Freundeskreis gefunden hat. Für jemanden, der bereits ein normalohriges Kaninchen hält oder gehalten hat, ist ein solches Schlappohr allerdings zunächst gewöhnungsbedürftig. Denn während man sich darauf eingestellt hat, die Löffel anderer Kaninchen als zuverlässiges Stimmungsbarometer anzusehen, hängen die des Widders kraftlos herab, weil die dazu notwendige Muskulatur verkümmert ist. So ist also die Stimmung eines Widders nicht auf den ersten Blick einzuschätzen, und vermutlich ist daraus sein Ruf als etwas eigenwilliges Tier entstanden. Nun, der Widder selbst kann damit gut leben, wie sich schnell feststellen läßt; von einer Qualzüchtung kann keine Rede sein, da ihn die Schlappohren in keiner Weise behindern. Eine Ausnahme bildet aber der auf extreme Ohrlänge gezüchtete Englische Widder unter

Vergleich Widderzwerg (links) und Deutscher Kleinwidder (rechts)

Widderzwerg havanna

Widderzwerg chinchilla

Widderzwerg blau

Widderzwerg grau

den großen Rassen, der seine Ohren buchstäblich hinter sich herschleifen muß.

Der Züchter nennt die Ohren des Widders Behang, und anders als bei den übrigen Rassen gilt hier als Richtmaß der Abstand von Ohrspitze zu Ohrspitze, über den Kopf hinweg gemessen. Als rassereiner Widderzwerg gilt ein Tier, dessen Behang zwischen 24 und 28 cm mißt. Widderzwerge werden prinzipiell größer und schwerer als Farbenzwerge; dies spielt bei der Auswahl des Käfigs eine Rolle: 1,4 bis 2,0 kg sind für Widderzwerge angemessen. Leider gibt es auch hier wieder das Problem, daß man den Jungtieren die spätere Größe nicht ansieht, wenn der Händler statt echter Widderzwerge einmal Tiere der Rasse „Kleinwidder“ anbietet! Sosehr diese Bezeichnung auch auf Zuverlässigkeit schließen läßt, die größeren Verwandten des Zwergwidders werden mit 3 bis 3,5 kg wesentlich gewichtiger. Offenbar geraten sie aber nur selten in den Handel.

Langhaarige Zwergkaninchen benötigen etwas mehr Pflege

Das Löwenmähnen-Zwergkaninchen ähnelt in seiner Behaarung dem abgebildeten Belgischen Bartkaninchen

Widderzwerge findet man im Handel ebenfalls in diversen Farben, wobei neben den schwarzen auch die thüringerfarbigen „Loppys" häufig vorkommen und besonders beliebt sind: Letztere haben eine chamoisgelbe („gemsfarbige") Grundfarbe mit einem rußfarbigen Schleier, der besonders Ohren, Schnauze, Wangen, Flanken und Beine bedeckt und sich auch von der Schnauze um das Auge herum zum Ohr erstreckt.

Die übrigen Zwergrassen des Kaninchens fallen durch besondere Fellstrukturen auf. Rex-Zwerge haben ein maulwurfartig kurzes, samtiges Fell, sind aber im Handel äußerst selten. In den letzten Jahren häufiger zu sehen sind die Löwenkopf- oder Löwenmähnenkaninchen. Bei diesen Tieren wächst das Fell am Kopf, am Oberhals und teilweise am Hinterteil lang, am Körper und an den Gliedmaßen normal; die „Mähne" ist allerdings hauptsächlich bei Jungtieren gut ausgebildet und wird bei vielen erwachsenen Tieren spärlicher. Diese Art der Behaarung ist keineswegs eine Neuzüchtung: Das großwüchsige Belgische Bartkaninchen zeigt sie ebenfalls, obwohl es eine uralte Kaninchenrasse vertritt. Wie alle neueren Zwergkaninchentypen sind auch die „Löwen" noch etwas uneinheitlich in Erscheinungsbild und Größe, was sich aber bei entsprechender Zuchtwahl sicher bald ändern wird.

Die schon länger bekannten Fuchs-Zwerge sind insgesamt langhaarig, zeigen jedoch einen völlig normalen Haarwechsel und sind von allen Langhaar-

Zwergkaninchen am pflegeleichtesten; sie stellen auch einen Anfänger kaum vor Probleme.

Alle anderen Langhaar-Zwergkaninchen sind dagegen sehr pflegeintensiv. Ihr feines Fell verfilzt schnell und kann dann zu gesundheitlichen Problemen führen; die richtige und häufig notwendige Fellpflege ist für ungeübte Hände und vor allem für Kinder mit einem beiderseitigen Verletzungsrisiko verbunden, da sich das Kaninchen in der Regel über die Prozedur nicht gerade

Rassekaninchenzüchter tätowieren einen Zahlencode in die Ohrmuschel ihrer Tiere

freut und sie durch Strampeln und Fluchtversuche zu verhindern sucht. Leider verleitet das Angebot im Zoofachhandel zum unüberlegten Kauf dieser „Flauschkaninchen“. Teddy- oder Angorazwerge gehören aber ebenso wie die langhaarigen Cashmere-Widderzwerge ausschließlich in erfahrene Hände.

Erwähnen möchte ich schließlich noch eine „Rasse“, die keine ist, aber häufig im Handel auftaucht: der „Teutoburger Waldzwerghase“ oder auch „Teuto-Häschen“. Diese Bezeichnung entspricht etwa dem Zwingernamen bei Hunden (z.B. „... vom Birkenstieg“), denn sie gibt nur die Herkunft aus einer bestimmten Zuchtfarm an und ist keine eigene anerkannte Rasse. Zwar wird mit dem ins Ohr tätowierten „T“ als Echtheitsgarantie geworben, doch entspricht dies nicht der in Rassezüchterkreisen genormten Tätowierung rassereiner Kaninchen mit einem Zahlencode, aus dem u.a. Alter und Herkunft jedes Tieres ersichtlich sind. Ich habe schon erstaunlich groß gewordene Teuto-„Zwerge“ gesehen – was nicht ausschließt, daß es auch viele gibt, die klein bleiben. Die Unterschiedlichkeit dieser Tiere hinsichtlich Körperproportionen und Ohrlänge ist sehr groß. Dies ist aber bei einer eingetragenen Rasse nie der Fall. Vielmehr werden abweichende Tiere dort nicht tätowiert und sind somit leicht als nicht rassetypisch erkennbar.

Ein Kaninchen kommt ins Haus

Überlegungen vor der Anschaffung

Die Anschaffung eines Heimtieres – egal welcher Art – sollte nur nach reiflicher Überlegung erfolgen. Manches spontan gekaufte Tier ist schon Wochen oder Monate später im Tierheim gelandet oder – was noch viel schlimmer ist – einfach ausgesetzt worden. Ein Tier ist kein Wegwerfartikel!

Unser Tip

Machen Sie sich vorher klar, welche Konsequenzen die Anschaffung eines Heimtieres für Sie – und Ihre Kinder! – hat.

Jedes Tier hat eine bestimmte Lebensweise, die ihm von der Natur zwingend vorgeschrieben ist. Bis zu einem gewissen Grad kann es davon abweichen; man nennt dies seine Anpassungsfähigkeit. Nun ist es natürlich ein Unterschied, ob ein Tier im Freien oder bei Menschen lebt, da im letzteren Fall der tägliche Existenzkampf fehlt. Aber wir Menschen müssen bestrebt sein, dem Tier die natürliche Lebensweise auch in unserer Obhut zu ermöglichen. Das bedeutet nun im Falle unseres Kaninchens nicht, daß wir unser Wohnzimmer mit Erde auffüllen und eine Wiese einsäen müssen! Gleichwertiger Ersatz heißt das Zauberwort: Scharren kann das Kaninchen in der Einstreu seines Käfigs genauso wie im Erdreich, und sein Futter bekommt es vor die Nase gelegt. Wichtig ist aber, daß wir die Ruhezeiten des Kaninchens einhalten und es dann nicht stören, denn sonst setzen wir es unter Streß, der sein Leben stark verkürzen kann. Gerade Kinder müssen lernen, darauf Rücksicht zu nehmen.

Wenn Sie starker Raucher sind oder täglich stundenlang Musik in Diskothekenlautstärke hören, dürfen Sie nicht erwarten, daß sich ein Tier bei Ihnen wohl fühlt. Auch wenn Sie wenig zu Hause sind, sollten Sie von der Anschaffung Abstand nehmen. Kaninchen sind nämlich ähnlich gesellschaftsbedürftige Tiere wie Hunde und fühlen sich allein gelassen, wenn man sich nicht um sie kümmert.

Fahren Sie gern in Urlaub? Bedenken Sie, daß man Tiere nicht beliebig ins Ausland mitnehmen kann. Sie müssen also eine Urlaubspflege für Ihr Langohr beschaffen.

Wichtig: Wünscht sich Ihr Kind ein Kaninchen, dann weisen Sie es darauf hin, welche Pflichten die Tierhaltung mit sich bringt. Fütterung, Säuberung des Käfigs und Beschäftigung mit dem Kaninchen gehören dann zum täglichen Tagesablauf wie die Schularbeiten. Ein Kaninchen ist zwar ein Streichel-, aber kein Spieltier! Dazu sind Plüschhasen besser geeignet. Sagen Sie Ihrem Kind auch, daß es sein Kaninchen nicht wie ein willenloses Wesen behandeln und sich auch nicht wundern darf, wenn „Hoppel" bei falscher Behandlung einmal beißt oder kratzt.

Bei vielen selbsternannten „Tierfreunden" hört die Tierliebe auf, wenn das Tier unerwartete Mühen bereitet. Das kann passieren, wenn ein Kaninchen

Kaninchen sind keine Spielzeuge! Dafür eignet sich der Artgenosse aus Plüsch besser

Checkliste **Vergreisungsmerkmale des Kaninchens**

- *nachlassende Kontaktfreude*
- *krummer und steifer Rücken*
- *steife, nicht mehr elastische Bewegungen ohne große Sprünge*
- *langsame Bewegungen*
- *geringere Futteraufnahme, dadurch Abmagerung*
- *lichter werdendes Fell*
- *fortschreitende Trübung der Augen bis hin zur Altersblindheit*

absolut nicht stubenrein wird und ständig die kleinen Kotkügelchen auf den Teppich fallen läßt. Lassen Sie sich dadurch auf die Palme bringen? Dann rate ich Ihnen von der Anschaffung ab! Sie müssen damit rechnen, daß auch Ihr Kaninchen einmal krank wird und Pflege benötigt. Würden Sie dafür notfalls auch eine geplante Wochenendreise absagen und Tierarztkosten tragen, die höher sind als der Anschaffungspreis des Tieres? Fazit aus all diesen Punkten: Sie müssen sich den Bedürfnissen des Kaninchens anpassen, nicht umgekehrt. Wenn Sie dazu bereit sind, steht einer Anschaffung nichts mehr im Wege.
Übrigens: Kein Vermieter darf Ihnen verbieten, ein Kaninchen in der Wohnung zu halten! Erst wenn Ihr Haustier durch Geruchsbelästigung auffällt, verstoßen Sie gegen den Mietvertrag!

Lebenserwartung

Im Gegensatz zu den meisten anderen Streicheltieren ist ein Kaninchen recht langlebig. Falls nicht Fehler in der Haltung vorliegen bzw. ein Unfall oder eine schwere Erkrankung dazwischenkommt, kann es ein Alter von zehn Jahren durchaus erreichen. Meistens ist allerdings ein Kaninchenleben nach etwa sieben Jahren zu Ende.
Diese Lebensspanne liegt deutlich über der von Hamstern, Mäusen oder Ratten und nur wenig unter der von Hunden und Katzen. Für ein Kind ist es sicher von Vorteil, denn es kann mit dem Kaninchen zusammen aufwachsen und muß nicht schon nach zwei Jahren (wie bei einem Goldhamster etwa) schmerzvoll Abschied nehmen.
Das bedeutet natürlich umgekehrt auch, daß die täglichen Pflichten nicht nur zwei Jahre lang – für kindliche Ver-

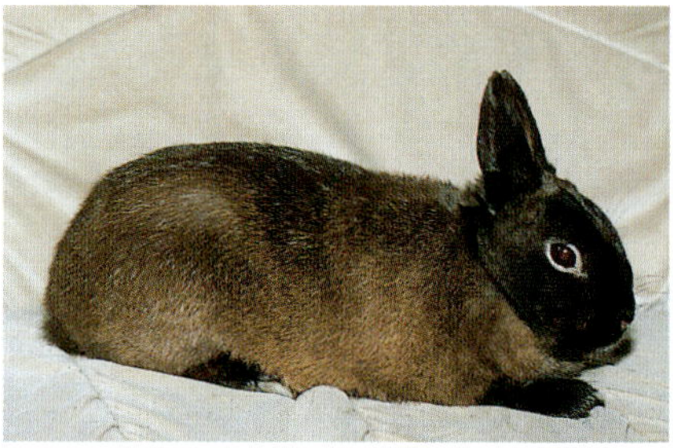

Alternde Kaninchen haben ein größeres Ruhebedürfnis, das unbedingt respektiert werden sollte (Farbenzwerg braunmarder)

hältnisse eine ungeheure Zeitspanne –, sondern sieben oder gar zehn Jahre lang erfüllt werden müssen!

Alternde Kaninchen sind nicht mehr so unternehmungslustig wie jüngere, und außerdem brauchen Sie längere Ruhephasen. Auch in der Nahrung muß man sich umstellen und für leichter verdauliche Kost sorgen.

Unser Tip

Der Tod des Kaninchens bietet eine günstige Gelegenheit, Ihre Kinder mit der Vergänglichkeit des Lebens vertraut zu machen. Richtig erklärt, kann der Tod des geliebten Heimtieres eine gute Vorbereitung auf spätere härtere Verluste sein.

Bereiten Sie Ihre Kinder auf den Tod des Kaninchens vor, sobald das Kaninchen die ersten Alterszeichen erkennen läßt: Abmagern, langsamere Bewegungen, größeres Ruhebedürfnis. Sagen Sie ihnen ruhig, daß sie sich von nun an über jeden einzelnen Tag freuen sollten, den sie noch zusammen mit ihrem Spielgefährten verbringen können, und daß sie sich bemühen sollten, dem Kaninchen das Alter so angenehm wie möglich zu gestalten.

Altersschwache Kaninchen schlafen in der Regel friedlich ein und wachen eines Morgens nicht mehr auf. Sagen Sie Ihren Kindern, daß „Hoppel" keine Angst vor dem Sterben hat, sondern seine letzten Tage noch richtig genießt; das nimmt dem Tod viel Schrecken.

Und noch eine wichtige Bitte: Werfen Sie das tote Tier nicht einfach vor den Augen der Kinder in den Müllcontainer! Wenn Sie die Möglichkeit haben, erlauben Sie den Kindern, das Kaninchen zu beerdigen. Und wenn Sie mangels eines Gartens nicht über diese Möglichkeit verfügen, dann sollten Sie das tote Tier heimlich wegschaffen und an geeigneter Stelle (auf einer Wiese, im Wald o.ä.) ein fingiertes Grab erstellen, das Sie den Kindern später zeigen. Versuchen Sie bitte nicht, „Hoppel" oder „Mucki" durch ein gleich aussehendes Kaninchen zu ersetzen. Einen

Kaninchen brauchen Kontakt ...

... und machen dabei keine Rassenunterschiede

solchen Betrug bemerken Kinder sehr schnell, und zur Trauer über den schweren Verlust kommt dann noch die Enttäuschung über die Hinterlist der Eltern!

Gesellschaft muß sein

Kaninchen sind von Natur aus gesellige Tiere. Ein einzelnes Kaninchen dürfen Sie daher nur dann halten, wenn Sie genügend Zeit aufbringen können, um sich mit ihm zu beschäftigen. Täglich eine Stunde ist dabei der Richtwert – je mehr, desto begeisterter wird Ihr Langohr sein (bitte Ruhepausen nicht vergessen!).

Haben Sie nicht immer so viel Zeit, möchten aber nicht auf die Kaninchenhaltung verzichten, dann schaffen Sie sich zwei Tiere an. Dabei müssen Sie beachten, daß sich zwei Männchen nicht mehr miteinander vertragen, sobald sie erwachsen sind. Bei einem Paar stellt sich regelmäßig Nachwuchs ein. Wählen Sie also am besten zwei Weibchen, oder aber Sie schaffen sich ein Pärchen an und lassen das Männchen im Alter von etwa vier Monaten kastrieren. Durch die Kastration wird das Kaninchen nicht nur zeugungsunfähig, sondern es verliert auch zum Teil sein manchmal unangenehmes Markierungsverhalten (siehe Seite 32) und wird insgesamt ruhiger. Ist das Kaninchen bei diesem Eingriff schon älter, so lassen sich Sexual- und Markie-

rungsverhalten durch die Kastration nicht mehr restlos beseitigen.
Allerdings neigen kastrierte Kaninchen leicht zum Fettwerden, weswegen Sie auf besonders ausgewogene Ernährung achten sollten.

Unser Tip

Am besten setzen Sie zwei junge Weibchen zusammen; bei erwachsenen gibt es meist Schwierigkeiten, wenn sie sich nicht schon kennen.

Kaninchen und Meerschweinchen werden häufig als gemischtes Paar gehalten und vertragen sich meistens gut. Aber: Für die Tiere ist es nur eine Notgemeinschaft, denn jedes von ihnen vermißt einen artgleichen Partner, mit dem es sich in seiner Sprache unterhalten kann: Meerschweinchen mit Lauten, Kaninchen mit Körpersprache. Der ideale Partner für ein Kaninchen ist und bleibt ein zweites Kaninchen. Hund oder Katze freunden sich oft eng mit einem Kaninchen an, doch wächst eine solche Freundschaft meistens sehr langsam und muß gut beobachtet werden; schließlich sind Hund und Katze von Natur aus Feinde des Langohrs!

Der kleine Unterschied

Ob ein Kaninchen zahm wird, hängt nicht von seinem Geschlecht ab, sondern von seinem Wesen und Ihrem Umgang mit dem Tier.
Ob Sie also ein Männchen oder ein Weibchen wählen, ist für die Haltung völlig egal. Zoologe und Jäger nennen das männliche Kaninchen Rammler und das weibliche Häsin; Züchter sprechen auch vom Bock und von der Zippe.
Männliche Kaninchen besitzen eine besondere Methode, um ihr Revier und ihre Partnerin zu kennzeichnen: Sie „spritzen", markieren also ihren Besitz mit einem Urinstrahl. Diese Eigenschaft kann in der Wohnung natürlich lästig werden, wenn der kleine Kerl immer wieder die Möbel und Tapeten anspritzt. Abhilfe kann eine

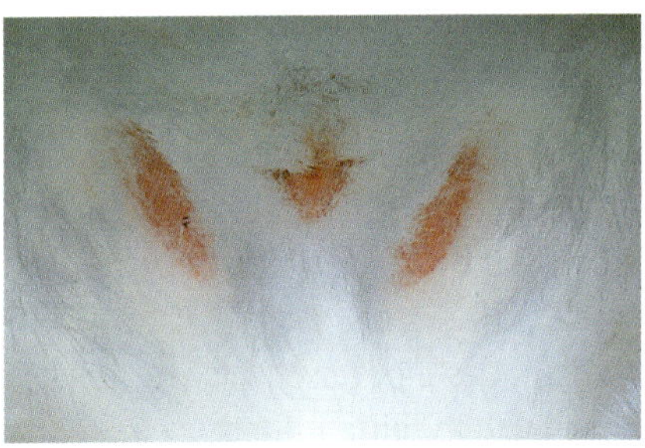

Geschlechtsbereich eines männlichen Kaninchens (rechts und links die Hoden, die vor dem Penis sitzen)

Kastration schaffen; normalerweise hört mit der Operation das Spritzen auf, wenn das Tier noch jung ist. Andererseits neigt aber nicht jedes Kaninchen zum Spritzen (was sich aber leider erst herausstellt, nachdem man sich das Tier angeschafft hat). Bekommen Sie Ihr Kaninchen von einem Züchter, stellt die Geschlechtsbestimmung kein Problem dar. Auch ein Zoohändler sollte Männchen und Weibchen unterscheiden können, aber Irrtümer kommen vor: so habe auch ich einmal ein „zweifelsfreies Weibchen" von „Diana" in „Harvey" umtaufen müssen, als es sich (Wochen später) sehr eindeutig als Männchen erwies! Besonders ärgerlich ist ein solcher Irrtum natürlich, wenn Sie glauben, zwei Weibchen erworben zu haben.

Zur Geschlechtsbestimmung müssen Sie das Kaninchen mit der Bauchseite nach oben auf Ihren Schoß legen. Halten Sie es dabei gut fest, damit es Sie nicht beim Versuch, sich freizustrampeln, kratzt und Sie es vor Schreck fallen lassen!

Wenn Sie mit Ihrem Finger und ein wenig Spucke das Fell im Geschlechtsbereich anfeuchten, läßt es sich leicht zur Seite streichen und behindert dann nicht den Blick. Ziehen Sie nun mit zwei Fingern die Ränder des Anal-Genital-Bereichs sanft auseinander. Beim Männchen sind sowohl After- als auch Geschlechtsöffnung rund, und zwischen beiden ist ein deutlicher Abstand vorhanden. Beim Weibchen ist die Geschlechtsöffnung schlitzförmig und läuft auf den After zu, so daß es fast aussieht, als gingen die beiden Öffnungen ineinander über. Bei erwachsenen Männchen sind die unbehaarten Hoden zumeist deutlich zu erkennen.

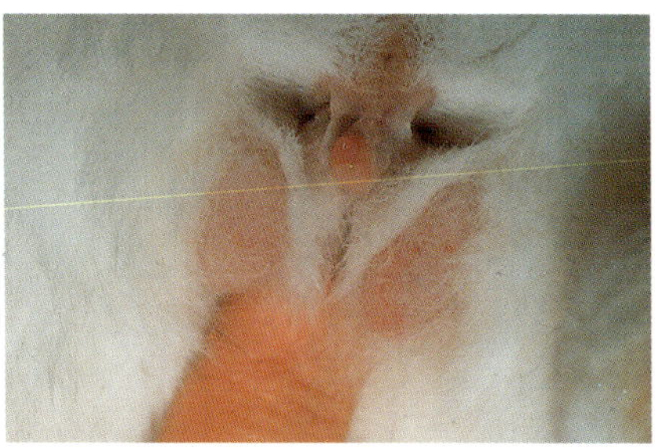

Sanfter (!) Druck den Unterbauch hinab läßt den Penis hervortreten

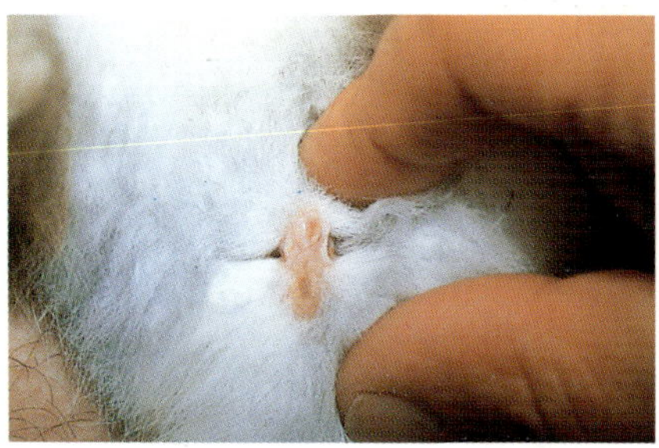

Geschlechtsbereich eines weiblichen Kaninchens

Kauf und Heimtransport

Woher bekomme ich mein Kaninchen?

Ein reinrassiges und damit garantiert zwergenwüchsiges Zwergkaninchen bekommen Sie in der Regel nur beim Rassekaninchenzüchter. Hier finden Sie keine Mischlinge, sondern echte Hermelinkaninchen, Farben- und Widderzwerge. Da der Züchter versucht, seine Tiere möglichst genau dem Rassestandard anzupassen, gibt er Tiere mit kleinen Abweichungen, zum Beispiel Fehlfarben oder etwas zu langen Ohren, gern preiswerter ab.

Farbenzwerg russenfarbig

Unser Tip

Adressen von Züchtern erhalten Sie über den ortsansässigen Kleintierzuchtverband, aber auch durch Zeitschriften wie die „Geflügelbörse", in deren Anzeigenteil auch Rassekaninchen angeboten werden.

Zoogeschäfte bieten meistens nur rasselose, mehr oder weniger kleinwüchsige Kaninchen an. Ihnen werden oft Phantasienamen gegeben, wie z.B. „Teutoburger Waldzwerghase", oder man bezeichnet sie, vor allem im Frühjahr, einfach als „Osterhasen". Allen ist gemeinsam, daß man nie weiß, wie groß sie wirklich werden. Schon oft entwickelte sich aus einem niedlichen, handtellergroßen „Zwerghäschen" binnen weniger Monate ein katzengroßer „Stallhase"!
Woran Sie ein echtes Zwergkaninchen erkennen können, lesen Sie im Kapitel „Echte und falsche Zwerge" (siehe Seite 18).

Die Kaninchen, die unter „Tiermarkt“ in den Lokalzeitungen angeboten und oft mit Käfig abgegeben werden, sind häufig solche falschen Zwerge, die ihrem Besitzer zu groß geworden sind und dann „umständehalber“ verkauft werden. Manchmal finden sich aber auch unter den „Zeitungskaninchen“ wirklich allerliebste Tiere, die aus anderen Gründen abzugeben sind: Eine plötzlich festgestellte Allergie, ein Baby oder ein beruflicher Wechsel und damit verbundene Zeitknappheit können die Ursachen sein. Es lohnt sich allemal, sich solche Kaninchen anzusehen, und oft ist es Liebe auf den ersten Blick – auch wenn das Langohr doch ein wenig größerwüchsig ist als zunächst erwünscht.

Unser Tip

Falls über eine Annonce „Kaninchenjunge aus eigener Zucht“ angeboten werden, lassen Sie sich die Elterntiere zeigen. Dann können Sie nämlich sehen, wie groß die Jungen einmal werden.

Vor Spontankäufen sei ausdrücklich gewarnt. Beim Anblick der niedlichen, kulleräugigen Jungtiere in einer Zoohandlung wird sicherlich leicht das

Farbenzwerg blau

Herz weich. Aber erst sind doch alle Konsequenzen genau zu überlegen, die sich aus der Haltung eines Kaninchens ergeben (siehe Seite 26). Andernfalls erlischt – gerade bei Kindern – der durch die rundliche Gestalt ausgelöste Pflegetrieb genauso schnell wieder, wie er entstanden ist.

Wichtig: Ein Kaninchen ist kein Überraschungsgeschenk! Man kann nie vorausahnen, wie der Beschenkte darauf reagieren wird.

Selbst wenn Ihr Kind gern ein Kaninchen hätte und Sie ihm diesen Wunsch erfüllen wollen, sollte das Kind sich sein Tier selbst aussuchen dürfen. Besorgen Sie vorerst nur den Käfig und das notwendige Zubehör, bereiten Sie alles vor und nehmen Sie das Kind erst am nächsten Tag mit ins Zoogeschäft oder zum Züchter. Es kann nämlich durchaus sein, daß ihm ein Kaninchen sofort gefällt, das Sie nicht ausgesucht hätten. Damit können Sie verhindern, daß Ihrem Sprößling das Kaninchen des Nachbarkindes viel besser gefällt als das ihm zugedachte, zum Beispiel, „weil es so süße Ringe um die Augen hat“. Zu einem selbst ausgesuchten Tier entwickelt ein Kind eine viel stärkere Beziehung, es ist eben sein Tier und nicht bloß ein Geschenk seiner Eltern.

Zum Schluß noch eine Bemerkung: Wenn ich von rasselosen Kaninchen spreche, soll das keinesfalls eine Abwertung bedeuten, sondern Sie nur auf die mögliche Großwüchsigkeit hinweisen. Ein rasseloses Tier ist zwar nicht vom Preis, aber vom Wesen her genauso wertvoll wie ein reinrassiges. Denken Sie nur an die vielen Mischlingshunde, an denen ihre Besitzer viel Freude haben – auch wenn sie vielleicht etwas größer geworden sind als erwartet. Meine rasselosen Kaninchen hatte ich jedenfalls genauso gern wie Rassekaninchen, und daß sie nicht ganz so klein blieben wie angenommen, hat mich nie gestört!

Vielerorts finden regelmäßig Tiermärkte statt, auf denen es auch Kaninchen zu kaufen gibt

Augen auf beim Kaninchenkauf!

Wie beim Kauf eines jeden Heimtieres sollten Sie darauf achten, ein gesundes Tier zu bekommen. Sehen Sie sich da-

In Zoohandlungen findet man in der Regel nur Zwergkaninchenmischlinge und keine reinrassigen Tiere

bei nicht nur das in Frage kommende Tier genau an, sondern auch die mit ihm zusammenlebenden Artgenossen und die Lebensverhältnisse.
Unsaubere Haltung begünstigt das Auftreten von Parasiten oder Krankheiten. Kaufen Sie kein Kaninchen aus einem Stall, in dem das Tier knöcheltief im Mist sitzt! Verantwortungsvolle Züchter und Zoohändler sorgen für die notwendige Hygiene. Vergammelte Futterreste und eine mit Urin durchtränkte Klo-Ecke im Käfig sind Alarmzeichen!

Wichtig: Ein gesundes Kaninchen hat klare, glänzende Augen, glattes, glänzendes Fell und eine trockene Nase.

- Ausfluß aus Nase und Augen ist ein Krankheitszeichen, ebenso
- schorfige und kahle Stellen im Fell und in den Ohren.
- Rötlich angeschwollene Augenränder weisen auf eine Augenentzündung hin.
- Der Bereich um den After darf nicht durch breiigen Kot verklebt sein; ein trockenes Kotkügelchen bleibt allerdings schon einmal hängen und bildet keine Gefahr.
- Wenn Sie Schwellungen der Sinnesöffnungen bemerken, dürfen Sie das Kaninchen auf keinen Fall kaufen! Es hat dann die unheilbare Kaninchenkrankheit Myxomatose, die nur die wenigsten der befallenen Tiere überleben.

Gesunde Kaninchen sind munter und neugierig, ihre Bewegungen sicher und elastisch. Ein krummer Rücken mit deutlich hervortretender Wirbelsäule, unsichere, staksige Bewegungen und Lustlosigkeit bedeuten Krankheit oder Alter.
Auf den ersten Blick ist es manchmal schwierig, ein dösendes von einem kranken Kaninchen zu unterscheiden: Beide kauern ruhig in einer Ecke und haben die Augen halb oder ganz geschlossen. Gesunde Tiere reagieren aber meistens schon auf das Öffnen des Käfigs mit Augenöffnen und Ohrenspitzen. Erfolgt keine Reaktion, so versu-

Ein kerngesundes Kaninchen! (Farbenzwerg grau)

Checkliste Grundausstattung

◆ *Käfig*	◆ *Heu*
◆ *Schlafhäuschen für Jungtiere in der Eingewöhnungszeit*	◆ *Grundfutter (Körnermischung oder Pellets)*
◆ *Transportbox oder -käfig*	◆ *Grünfutter*
◆ *Heuraufe (falls nicht zum Käfig gehörig)*	◆ *Beschäftigungsfutter (altes Brot, Zweige)*
◆ *Futternapf*	◆ *Salzleckstein*
◆ *Tränkflasche*	◆ *Bestimmungsbuch für heimische Wild- und Ackerpflanzen (falls Sie Grünfutter selbst suchen wollen)*
◆ *Einstreu*	

chen Sie, das Kaninchen sachte von der Stelle zu schieben. Ein gesundes Tier wird in diesem Fall schlagartig munter und springt entweder auf und läuft weg, oder es stemmt sich wie ein störrischer Esel der Hand entgegen. Läßt es sich aber willenlos hin- und herschieben oder verliert es gar das Gleichgewicht, sollten Sie auf den Kauf unbedingt verzichten – auch wenn das Tierchen noch so niedlich ist.
Vernarbte Wunden sind für das Kaninchen ungefährlich. Durch großflächige, schlecht heilende Verletzungen hingegen können Infektionen eindringen.

Unser Tip

Fragen Sie den Züchter oder den Zoohändler, ob seine Kaninchen gegen die Krankheit RHD geimpft sind (Weiteres dazu siehe Seite 84). Sollte dies nicht der Fall sein und Sie bemerken bei den Tieren Nasenausfluß, so kaufen Sie bitte nicht!
Mit einem offensichtlich gesunden Tier gehen Sie keinerlei Risiko ein, wenn Sie es sofort impfen lassen.

Der Transport nach Hause

Auch wenn es noch so verlockend sein mag, das wuschelige kleine Wesen bei der Heimfahrt gleich auf dem Schoß zu behalten: Für den Heimtransport gehört das Kaninchen in einen abgedunkelten Karton mit Luftlöchern oder in eine Kiste. War schon der Schreck, herausgenommen zu werden und die Käfiggenossen zu verlieren, groß, so erzeugen nun die vielen neuen Eindrücke beim Kaninchen zusätzlich Angst, die dazu führen kann, daß es schwer zu zähmen ist. Der dunkle Karton gibt ihm dagegen die Geborgenheit einer Höhle, und es kann mit dem Gefühl der Sicherheit neue Gerüche und Geräusche aufnehmen.
Schützen Sie den Karton auf dem Heimweg vor Regen, Wind und direkter Sonneneinstrahlung. Leises Sprechen beruhigt das Tier zusätzlich.

Unser Tip

Besorgen Sie für den Transport also einen größeren Karton, eine Kiste oder im Idealfall einen verschließbaren Korb wie für den Transport kleiner Hunde und Katzen.

Für spätere Zwecke sollten Sie stets ein geeignetes Transportbehältnis bereithalten, z.B. für den Fall, daß Sie mit dem Langohr zum Tierarzt müssen. Der ursprüngliche Karton dürfte dann inzwischen zu klein sein, denn meistens haben Sie damit ja ein Jungtier befördert.

Eine solche Transportbox sollte zur Grundausstattung des Kaninchenhalters gehören

Das Kaninchenheim

Wohin mit dem Käfig?

Wie erwähnt, sollte der Käfig immer schon vorhanden sein, bevor man das Tier kauft. Dabei sollten Sie sich frühzeitig Gedanken über den passenden Standort in der Wohnung machen. Ich gehe nachfolgend stets davon aus, daß Sie das Kaninchen in der Wohnung halten wollen und nicht im Garten oder auf dem Balkon.

Ungünstig ist die Unterbringung in der Küche. Abgesehen davon, daß Sie dann auch bei sauberster Haltung einmal ein Kaninchenhaar im Essen finden, fühlt sich das Tier durch das Geklapper von Töpfen und Geschirr gestört. Immerhin hört es um vieles besser als wir! Auch die Kochdünste schaden ihm.

Da das Kaninchen hauptsächlich am Tage aktiv ist, verursacht es in der Regel nachts keine störenden Geräusche und kann ohne weiteres in einem Kinderzimmer oder sogar im Schlafzimmer untergebracht werden. Dort aber findet es tagsüber zu wenig Unterhaltung; die besten Standorte sind daher Kinder- oder Wohnzimmer.

Was die Geräusche anbelangt: Kaninchen gehören zu den leisesten Heimtieren und stören auch den Nachbarn nicht. Manche – speziell größere – Kaninchen gewöhnen sich jedoch an, mit ihrem Futternapf zu spielen, ihn also hin und her zu zerren, um Aufmerksamkeit zu erregen. Sie wollen dann gefüttert oder beschäftigt werden, und man tut in diesem Fall gut daran, sich um sie zu kümmern. Andernfalls kann das scharrende und scheppernde Geräusch nämlich doch lästig und auch für Nachbarn durchaus unangenehm werden.

Wichtig: Ein Heimtier gehört nicht in einen Raum, in dem stark geraucht wird.

Laute Geräusche schmerzen die empfindlichen Kaninchenohren und setzen das Tier unter gesundheitsschädlichen Streß. Als Lärm empfindet ein Kaninchen auch laute Musik; dabei ist es ihm gleich, ob Sie Rockmusik oder Klassik in Konzertlautstärke hören. Ist das Kaninchen im Raum, dann gilt bei Vorliebe für Klangerlebnisse: Kopfhörer aufsetzen! Stellen Sie den Käfig nie neben oder unter Lautsprecherboxen oder auch nur neben den Fernseher. Der Käfig darf keine direkte Sonneneinstrahlung bekommen! Zwar sonnen sich Kaninchen im Freien gern, doch wirkt die Scheibe eines Fensters wie ein Brennglas. Achten Sie also darauf, daß wenigstens ein Teil des Käfigs immer im Schatten steht. Außerdem darf der Käfig keinesfalls Zugluft ausgesetzt sein, da sich das Kaninchen sonst möglicherweise schwere Erkrankungen zuzieht.

Unser Tip

Prüfen Sie den für den Käfig vorgesehenen Standort mit einer brennenden Kerze: Flackert die Flamme, dann zieht es dort.

Ideal steht der Käfig, wenn eine oder zwei Seiten zur Wand weisen. Dadurch erhält „Hoppel" nämlich Rückendeckung, während er sich in einem frei stehenden Käfig beobachtet und damit unsicher fühlt.

In der Küche sollte das Kaninchen nur eine seltene Gastrolle spielen!

Auf wackligen Unterlagen hat der Käfig nichts zu suchen. In fußkalten Wohnungen sollten Sie eine passend zugeschnittene Styroporplatte unterlegen, damit sich das Kaninchen nicht verkühlt.

Der richtige Käfig

Im Zoohandel ist eine große Auswahl verschiedener Käfige im Angebot. Um den richtigen auszuwählen, müssen Sie folgende Punkte beachten:

- Größe
- Höhe der Bodenwanne
- Belüftung
- Vergitterung
- Handhabung

Größe

Leider werden im Handel viele Käfige auch für Zwergkaninchen angeboten, die eigentlich nur für Meerschweinchen gedacht sind. Nun werden – wie schon mehrfach erwähnt – Kaninchen je nach Rasse oder Rasselosigkeit unterschiedlich groß und haben somit ein unterschiedliches Platzbedürfnis.
Als Faustregel für die Mindestgröße gilt: Das Kaninchen muß sich an der Schmalseite des Käfigs entlang hinlegen können, während die Längsseite doppelt so lang sein sollte. Die Höhe muß so bemessen sein, daß sich das Kaninchen bequem aufrichten kann. Nun kaufen Sie ja normalerweise ein Jungtier, von dem Sie bei einem rasselosen Kaninchen noch nicht einmal wissen, wie groß es später werden wird. Daher noch einmal in Zentimetern: Rund 80 x 40 x 40 cm sollte ein artgerechtes Kaninchenheim schon messen. Je größer, desto besser!
Falls Sie zwei Kaninchen oder ein Kaninchen und ein Meerschweinchen zusammen halten wollen, ist 1 m Frontlänge das Mindestmaß.

Wichtig: Bedenken Sie immer, daß alle Maße für die Haltung nur dann gelten, wenn das Kaninchen regelmäßig Auslauf bekommt! Kaninchen, die in zu engen Käfigen gehalten werden und zu wenig Bewegung haben, verfetten schnell, werden trübsinnig und erreichen selten ein hohes Alter.

Achten Sie darauf, einen Käfig mit möglichst hoher Bodenwanne zu kaufen

Höhe der Bodenwanne

Falls Sie Staubsaugen nicht gerade zu Ihren Hobbys zählen, sollten Sie auf eine hohe Bodenwanne achten. Einstreu und Heuhalme fallen immer ein wenig heraus, hie und da auch ein Kotkügelchen. Und wenn sich das Kaninchen erschreckt und einen Blitzstart hinlegt, dann „regnet" es nur so! Eine Bodenwanne von mindestens 10 cm Höhe verhindert eine allzu starke Verschmutzung des Käfigbereiches.

Belüftung

Zur Auswahl stehen Gitter- und Vollkunststoffkäfige. Aus letzteren fällt zwar auch bei heftigem Scharren des Kaninchens keine Einstreu heraus, doch sammeln sich in ihnen Stauluft und -nässe. Zudem überhitzen sich diese Käfige leicht, da die Zufuhr von Frischluft auf ein vergleichsweise kleines Gitter an der Oberseite beschränkt ist. Schließlich wirken solche Käfige kontakthemmend; man kann das Tier nicht einmal durch das Gitter mit einem Finger kraulen, wenn man gerade keine Zeit hat, es herauszunehmen. Wegen der schlechten Luftzufuhr rate ich auch davon ab, Kaninchen in alten Aquarien oder Terrarien zu halten. Der gute alte Gitterkäfig leistet hier noch die besten Dienste!

Vergitterung

In den letzten Jahren sind fast nur noch farbig beschichtete Metallgitter an den Käfigen zu finden. So schön sie auch aussehen, sie haben einen Nachteil: Die Farbe ist auf eine dunkle Grundierung aufgebracht. Neigt Ihr Kaninchen dazu, die Gitterstäbe anzuknabbern – was es normalerweise nur aus Langeweile tut –, löst es dabei nur die Deckfarbe ab, und es entsteht ein häßliches Fleckenmuster. Das fällt um so mehr auf, je heller das Gitter ist.

Unser Tip

Wählen Sie ein Gitter mit dunkler Beschichtung, da ein helles durch starke Lichtreflexion die Sicht auf das Tier behindert.

Dunkel mattiertes Gitter behindert den Blick in den Käfig am wenigsten (vergleichen Sie mit dem stark glänzenden Gitter des auf Seite 42 abgebildeten Käfigs)

Im Handel finden Sie solche in Schwarz, Dunkelbraun, Dunkelblau und Grün. Rosa und Himmelblau mögen ja hübsche Farben sein (dem Kaninchen ist die Farbe seines Käfigs ohnehin egal), aber Sie wollen doch eigentlich nicht den Käfig ansehen, sondern dessen lebendigen Inhalt, oder?

Handhabung

Hier geht es in erster Linie darum, ob der Käfig eine Tür an der Frontseite aufweist oder ob sich das ganze Dach aufklappen läßt. Vor- und Nachteile beider Möglichkeiten heben sich auf, sollen aber der Vollständigkeit halber nicht unerwähnt bleiben. Eine Tür an der Frontseite ermöglicht es dem Kaninchen, selbst aus dem Käfig heraus- und wieder hineinzuhoppeln. Bei einem Käfig des anderen Typs müßten Sie das Kaninchen entweder herausheben oder aber zum Freilauf das Obergitter entfernen. Andererseits ist Ihnen das Käfiginnere leichter zugänglich, wenn Sie das Dach öffnen können, und Sie müssen sich nicht halb auf den Bauch legen, wenn Sie Futterreste herausnehmen wollen. Aus diesem Grund tendiere ich eher zu einem Käfig mit aufklappbarem Dach.

Beachten Sie aber bitte, daß noch nicht völlig eingewöhnte Kaninchen vor Zugriffen von oben zurückschrecken, das heißt, sie reagieren mit dem Greifvogelreflex, weshalb Sie in der Anfangszeit nur sehr langsam und vorsichtig im Käfig hantieren sollten.

Es ist nicht leicht, im Zoohandel einen Käfig zu finden, der all diesen Anforderungen entspricht, und es kann sein, daß man in mehreren Geschäften nachfragen muß.

Unser Tip

Nur durch die Ablehnung ungeeigneter Modelle kann man die Hersteller dazu veranlassen, nicht artgerechte Käfige vom Markt zu nehmen.

Käfig im Eigenbau

Für den Preis, den Sie für einen passenden handelsüblichen Käfig zahlen, können Sie sich mit etwas bastlerischem Geschick auch selbst einen praktischen Käfig in Idealmaßen bauen.

Als Material empfehle ich aus eigener Erfahrung Spanplatten mit weißer Kunststoffbeschichtung, wie sie auch zum Bau von Küchenmöbeln verwendet werden. Dieses Material ist wasserfest, leicht zu reinigen und bietet wegen seiner Glätte keinen Ansatzpunkt für die Nagezähne der Kaninchen. In einem Baumarkt oder bei einem Tischler wird man Ihnen die Platten auch auf die gewünschte Größe zuschneiden. Eigenbau hat den Vorteil, daß Sie sich den vorhandenen Platzverhältnissen optimal anpassen können.

So hatte ich eine Nische zwischen zwei Möbelstücken zur Verfügung, in die gerade ein 1,20 m langer Käfig hineinpaßte. Dieser sollte ein mittelgroßes Kaninchen und ein Meerschweinchen aufnehmen.

Zunächst schraubte ich aus den zugeschnittenen Spanplatten eine Kiste von 120 x 50 x 60 cm mit Öffnung nach vorn zusammen. Damit in die Fugen kein Urin eindringen kann, dichtete ich sie nachträglich mit transparenter Silikonmasse ab. An die Vorderseite des Käfigs schraubte ich ein 15 cm hohes Vorsatzbrett, das das Herausfallen der Streu verhindert. Mit Kantenumleimer wurden dann alle Schnittkanten abgedichtet, wodurch der Käfig insgesamt auch schöner aussieht.

Aus Vierkanthölzern fertigte ich dann zwei Türflügel an, die ich mit Scharnieren befestigte.

Zur Vergitterung wählte ich schwarz kunststoffbeschichtetes, punktgeschweißtes Viereckgeflecht mit 14 mm Maschenweite, wie es für den Bau von Vogelvolieren im Handel erhältlich ist. Dieses Gitter ist dünn, aber stabil und läßt einen guten Durchblick zu, da es nicht glänzt. Mit einer Heftmaschine befestigte ich es an den Türflügeln, und nun fehlte nur noch ein Schieberiegel zum Verschließen der Türen.

Der Käfig war elegant, praktisch und kostete nur rund 75 DM.

Er war so hoch, daß nicht nur das Kaninchen sich ganz aufrichten konnte, sondern ich mich auch nicht bäuchlings davorlegen mußte, um Futterreste herauszuholen.

Die alte Einstreu entfernte ich mittels eines alten Kehrbleches. Ich hätte natürlich auch eine Schublade einbauen können, doch hätte dies nicht nur den Bau kompliziert: Beim Herausziehen einer Käfigschublade fällt mehr Einstreu daneben als beim Ausschippen.

Einrichtung und Zubehör

Einstreu

Bedecken Sie den Käfigboden mit einer Schicht handelsüblicher Kleintierstreu, die aus Hobelspänen besteht. Natürlich können Sie Hobelspäne auch beim Tischler kaufen, aber dann sind Sie nie ganz sicher davor, daß das Holz nicht vielleicht behandelt war, und außerdem können hier Fremdkörper wie Schrauben oder Metallsplitter dazwischen sein. Auch Stroh oder Streu aus Strohgranulat kann als Einstreu verwendet werden. Katzenstreu ist – sofern man nichts anderes zur Hand hat – ebenfalls brauchbar, bietet dem Kaninchen jedoch keine weiche Unterlage.

In der Klo-Ecke, die sich die meisten Kaninchen im Käfig einrichten, tut sie aber gute Dienste. Sägemehl ist völlig ungeeignet. Von der oft empfohlenen Torfmull-Einstreu nehme ich bei der Wohnungshaltung von Kaninchen Abstand; Torfmull setzt sich leicht im Fell der Tiere fest und wird dann beim Auslauf durch das ganze Zimmer geschleppt.

Schlafplatz

Als „Bett“ mag das Kaninchen eine Ecke mit Stroh oder Heu.

Ein Schlafhäuschen ist normalerweise für ein Kaninchen nicht notwendig, doch nehmen es viele gern an; besonders Jungtiere fühlen sich darin geborgen. Für ausgewachsene Kaninchen sind die käuflichen Häuschen meist zu klein; man muß dann selbst ein größeres bauen oder auf einen Karton mit Türöffnung ausweichen. Nimmt Ihr

Stroh ist eine gute Einstreu (Farbenzwerg rot und grau)

Langohr ein Schlafhäuschen an, so benutzt es mit Sicherheit auch dessen Dach als Ausguck. Ein Karton muß daher aus stabiler Pappe bestehen, sonst bricht das Kaninchen ein oder kippt mit dem Karton um!
Selbst ein breites, quer durch die Gitterstäbe geschobenes und befestigtes Brett bietet dem Kaninchen ein brauchbares Dach über dem Kopf.

Das Kaninchenklo

Die meisten Kaninchen benutzen als sehr reinliche Tiere immer dieselbe Ecke ihres Käfigs als Toilette; lediglich ein paar Kotkügelchen werden hie und da fallen gelassen. Diese Eigenschaft erleichtert die Erziehung zur Stubenreinheit, doch darauf wollen wir später zurückkommen.
Verhält sich Ihr Kaninchen so, dann können Sie seine einmal erwählte Klo-Ecke mit Katzenstreu auffüllen, die Feuchtigkeit und Geruch noch besser bindet als Hobelspäne.
In meinem großen, selbstgebauten Käfig ging ich sogar noch einen Schritt weiter und stellte ein ganzes Katzenklo (ohne Dach) hinein, das ich mit einer dicken Lage Zeitungspapier und darauf einer Schicht Katzenstreu „präparierte". Kaninchen und Meerschweinchen suchten für ihre „kleinen Geschäfte" nun stets die „Toilette" auf, was zumindest für ein Meerschweinchen nicht selbstverständlich ist. Das Kaninchen verrichtete auch seine „großen Geschäfte" dort, während das Meerschweinchen seine trockenen „Böhnchen" wahllos fallen ließ. Nun nahm ich nur noch regelmäßig die Klo-Wanne heraus und säuberte sie, den Rest des Käfigs brauchte ich nur zwei- bis dreiwöchentlich zu reinigen.

Futter- und Wassergefäße

Wichtig für das Kaninchen ist eine Raufe, in der ständig frisches Heu vorhanden sein muß. Als Schlafunterlage verwendetes Heu ist zum Fressen ungeeignet, da es meistens durch Urin angefeuchtet ist. Wenn frisches Heu fehlt, nimmt das Kaninchen auch das Liegeheu zu sich und kann dann erkranken.

Heu muß dem Kaninchen ständig in einer Raufe zur Verfügung stehen

Besonders jüngere Kaninchen springen gern auf die Heuraufe, um einen besseren Ausblick zu haben. Dabei können sie ebenfalls das Heu verschmutzen.

Unser Tip

Bringen Sie die Raufe so dicht wie möglich unter dem Deckengitter an, damit das Kaninchen nicht draufspringen kann.

Es sind auch halbrunde, korbförmige Raufen im Handel, die zum Füllen geöffnet werden und auf die das Kaninchen nicht springen kann.
Ein schwerer Porzellan- oder Steingutnapf ist ein geeignetes Gefäß für das Körnerfutter.

Von Kunststoffnäpfen rate ich ab, da das Kaninchen sie benagen und abgebissene Stücke hinunterschlucken kann, was leicht tödliche Folgen hat.

Wichtig: Der Napf muß schwer sein, weil das Kaninchen beim Fressen oft die Vorderfüße auf den Rand setzt und einen leichten Napf so zum Umkippen bringt.

Für Grünfutter benötigen wir kein eigenes Gefäß, es wird einfach auf die Einstreu gelegt (nur nicht gerade auf die Klo-Ecke!). Als Wasserbehälter eignet sich ein Trinknapf weniger; das Kaninchen tritt hinein, wirft Einstreu oder Kotkügelchen hinein oder kippt ihn gar um. Wasser reichen Sie also am zweckmäßigsten in einer Kaninchen-

Das Kaninchen darf seinen Futternapf nicht durch Aufstützen umkippen können (Widderzwerg thüringerfarbig)

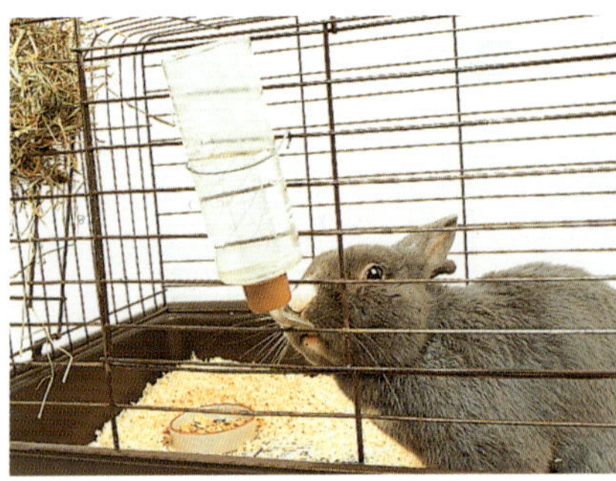

Eine Tränkflasche bietet große Vorteile gegenüber einem Wassernapf

tränke. Das ist eine Flasche mit einem Nuckelröhrchen, die von außen ans Gitter gehängt wird; aus ihr kann das Kaninchen leckend trinken.

Sonstiges

Durch das Laufen auf Einstreu oder Teppichboden bzw. anderen weichen Unterlagen werden die Krallen des Kaninchens nicht genügend abgenutzt. Sie wachsen dann lang aus und behindern das Tier, ja können sogar Schmerzen hervorrufen. Damit sie deswegen nicht zu oft den Tierarzt oder den Zoohändler aufsuchen müssen – für das Kaninchen bringt so ein Gang immer erhebliche Aufregungen mit sich –, legen Sie in die Mitte des Käfigs eine Sandsteinplatte. Läuft das Kaninchen nun hin und her, zum Beispiel um von der Schlafecke zum Futterplatz zu kommen, muß es über die Platte und nutzt sich auf diesem natürlichen, rauhen Untergrund die Krallen ab. Dies funktioniert natürlich nur in einem ausreichend großen Käfig, und das Kaninchen muß die Möglichkeit haben, sich beiderseits der Steinplatte hinlegen zu können, ohne dabei halb darauf liegen zu müssen. Beim Freilauf legen Sie die Platte (eine gewöhnliche Gehwegplatte entsprechender Größe tut's auch) vor die Käfigtür, so daß das Kaninchen wieder darüberlaufen muß.

Diese Krallen sind durch zuwenig Auslauf und zu weichen Untergrund überlang geworden. In der richtigen Länge sind die Krallen nicht länger als die Zehenbehaarung!

An heißen Sommertagen kühlen sich die Kaninchen übrigens gern den Bauch auf den Platten!
Durch diese Methode bewahrt man Kaninchen – und übrigens auch Meerschweinchen – davor, daß sie sich allzu häufig mit der Krallenzange behandeln lassen müssen.

Auslauf im Freien

Dieses Buch wendet sich in erster Linie an Tierfreunde, die ein oder zwei Kaninchen in der Wohnung halten. Gerade Stadtbewohner holen sich ja gern ein Zwergkaninchen ins Haus, vor allem wenn Hund und Katze in der Wohnung vom Vermieter verboten

Buddeln im Grünen ist eine nette Abwechslung (Russenkaninchen)

„Beobachtet mich jemand?"

„Anscheinend nicht. Also weiter!"

sind. In der Stadt, besonders in der Großstadt, bietet sich aber kaum die Gelegenheit, ein Kaninchen außerhalb der Wohnung zu halten. Daher möchte ich auch auf dieses Thema nicht näher eingehen, zumal es dafür spezielle Bücher gibt. Die Haltung auf dem Balkon wirft Probleme auf, die es abzuwägen gilt. Viele Balkone sind zugig, fußbodenkalt oder ständiger Sonneneinstrahlung ausgesetzt, in der Großstadt kommen Abgase und Straßenlärm hinzu. Nehmen Sie das Kaninchen also allenfalls bei mildem Wetter für eine Stunde mit hinaus, stellen Sie den Käfig auf eine gut isolierende Unterlage, z.B. auf eine Styroporplatte, und sorgen Sie für ausreichende Beschattung. Auslauf in den Grünanlagen einer Stadt ist natürlich nur möglich, wenn Sie das Tier an die Leine nehmen. Benutzen Sie dazu kein Halsband, sondern ein Geschirr, wie man es für kleine Hunde oder Katzen nimmt. Die Leine dient aber nur dem Zweck, das Kaninchen am Ausreißen zu hindern; es wird nie lernen, „bei Fuß" zu gehen. Sie müssen es schon hoppeln lassen, wohin es will, und ihm mit der Leine folgen.

Derartige Ausflüge bergen aber gerade in der Stadt große Gefahren in sich. Pflanzen, an denen das Kaninchen knabbert, können mit Insektengift ge-

spritzt oder durch Abgase belastet sein. Kommt es in Berührung mit Vogel- oder Hundekot, kann es sich Krankheitserreger oder sogar Hundebandwürmer einfangen. Wildkaninchen können die Kaninchenseuche RHD auf Hauskaninchen übertragen. Der Verbreitungsweg dieser tödlich endenden Krankheit ist noch nicht ganz geklärt; vorsichtshalber sollten Sie Ihr Kaninchen nicht in Wildkaninchengebieten spazierenführen. Lassen Sie es sicherheitshalber gegen RHD schutzimpfen. Die Myxomatose-Seuche hingegen wird nur bei direktem Kontakt zu einem erkrankten Tier übertragen. Vorsicht: Schwer myxomatosekranke Wildkaninchen haben ein sehr eingeschränktes Wahrnehmungsvermögen, und wenn sie bei Ihrer Annäherung sitzen bleiben, ist das keineswegs ein Zeichen dafür, daß sie zahm sind. Frei laufende Hunde schließlich können das Kaninchen tödlich erschrecken oder verletzen.

Also: Wenn Sie nicht zu den Glücklichen zählen, die auf dem Land oder wenigstens am Stadtrand wohnen, sollten Sie Ihr Kaninchen lieber in der Wohnung lassen.

Unser Tip

Sie brauchen mit Ihrem Kaninchen nicht ins Freie zu gehen, wenn es in der Wohnung genügend Auslauf hat.

Die richtige Ernährung

Der Speisezettel eines Vegetariers

Kaninchen sind reine Vegetarier. Während sich andere überwiegend pflanzenfressende Kleinsäuger – wie zum Beispiel Goldhamster und Mäuse – auch einmal für einen Mehlwurm oder ein wenig rohes Hackfleisch begeistern, lehnt das Kaninchen fleischliche Zukost ab.
Die Zutaten seines Speisezettels sind zwar reichhaltig, doch allzu spezielle Dinge kommen darunter nicht vor. Das macht die richtige Ernährung des Kaninchens fast zu einem Kinderspiel. Richtig ernähren heißt in erster Linie ausgewogen ernähren. Neben dem Kraftfutter braucht das Kaninchen viel Ballastfutter, damit sein Verdauungstrakt in Ordnung bleibt.

Wichtig: Daß das Kaninchen anspruchslos ist, heißt aber durchaus nicht, daß man es zum Resteverwerter degradieren darf. Auf manche Nahrungsmittel reagiert der Kaninchenkörper nämlich außerordentlich empfindlich!

Ausgewogene Ernährung setzt sich zusammen aus der richtigen Menge und der richtigen Mischung des Futters. Sie ist die Voraussetzung für ein gesundes Heimtier.

Allgemeine Regeln der Fütterung
Verlassen Sie sich bloß nicht darauf, daß das Kaninchen nur Nahrung zu sich nimmt, die ihm nicht schadet! Diesen Instinkt hat normalerweise das Wildkaninchen, seinem zahmen Abkömmling fehlt er aber weitestgehend.
◆ Gesammeltes Grünfutter darf nicht aus der unmittelbaren Umgebung von Fabriken oder vielbefahrener Straßen stammen!
◆ Waschen Sie jedes Obst und Gemüse sorgfältig ab. Auch auf garantiert ungespritztem Gemüse und Obst kann Vogelkot kleben, der Salmonellen enthält. Auch hier hilft nur sorgfältigstes Abwaschen!
◆ Da die Übertragungsmöglichkeiten der Kaninchenseuche RHD (siehe Seite 84) noch nicht restlos geklärt sind, sollten Sie vorsichtshalber kein Grünfutter sammeln, wo Wildkaninchen vorkommen.

Wichtig: Lassen Sie abgewaschenes Grünfutter vor dem Verfüttern gut abtropfen und verfüttern Sie kein taunasses Gras bzw. andere taunasse Wildpflanzen. Davon kann „Hoppel“ krank werden.

Wenn Ihr Kaninchen lange kein Saftfutter bekommen hat, stellen Sie es vorsichtig darauf um. Besonders aufpassen müssen Sie bei ganz jungen Tieren, die noch nie Grünfutter bekommen haben, da sie gerade erst entwöhnt wurden. Fangen Sie mit ganz kleinen Portionen an, und steigern Sie sie erst allmählich.
Möhren sind zwar ein beliebtes und sprichwörtliches Hasenfutter, wirken aber bei zu reichlicher Verfütterung abführend. Geben Sie Ihrem Kaninchen deshalb nie mehr als eine kleine Möhre pro Tag!

Tägliche Futtermengen

Wie viele Pflanzenfresser sind auch Kaninchen von Natur aus „Dauerfresser“, welche die meiste Zeit des Tages und oft auch der Nacht mit Nahrungssuche und -aufnahme verbringen. Bekommt das Kaninchen nur eine oder zwei Hauptmahlzeiten täglich, so entspricht das nicht den natürlichen Bedingungen für die gesunde Funktion des Verdauungsapparates, und dieser wird mit Trägheit reagieren. Wenn sich das Tier nach einer mehrstündigen „Hungerpause“ bei der Fütterung hastig den Bauch vollschlägt, wird der Organismus überlastet, und es kommt zu Verdauungsstörungen. Zudem kann auch Langeweile ein Problem werden: Die natürlichste Beschäftigung für ein Kaninchen ist nun einmal, daß es ständig frißt, aber immer kleine Mengen.
Deshalb sollte für Ihr Kaninchen immer bereitstehen:

- Grundfutter (Pellets und Beigaben, siehe unten) in einem Napf
- Rauhfutter in Form von Heu in einer Raufe
- Trinkwasser, täglich frisch.

Damit ist seine Grundversorgung gesichert.
Grünfutter muß nicht dauernd verfügbar sein, doch wenn es sich einrichten läßt, sollten statt einer größeren Futtermenge einmal täglich lieber mehrere kleine Portionen über den Tag verteilt geboten werden.
Grünfutter verschiedener Art ist unterschiedlich gehaltvoll, weswegen ich hier keine Angaben über „soundsoviel Blatt Endivie, soundsoviel Zentimeter Möhre“ mache. Durch anfängliches Ausprobieren bekommen Sie bald ein Gefühl dafür, wieviel Grünkost Ihr Kaninchen täglich verlangt.

Wenn das Kaninchen genügend Bewegung und abwechslungsreiche Beschäftigung hat, wird es nicht fett, selbst wenn es ständig Zugang zum Futternapf hat. Viel eher kann es durch Langeweile und Bewegungsmangel dazu kommen (und das nicht nur beim Kaninchen ...).

Futterarten und ihre Beschaffung

Fertigfutter

Der Verdauungstrakt des Kaninchens ist auf die Verwertung von Gräsern, Kräutern, Wurzeln, Laub und Rinde eingerichtet. Körner und Sämereien gehören in der Natur nicht zur Nahrung des Kaninchens und stellen seine Verdauung vor Probleme. Viele handelsübliche Futtermischungen wirken zwar gesund und abwechslungsreich, sind aber mehr für das Auge des Käufers als für den Magen des Kaninchens zusammengestellt. Gute und bekömmliche Mischungen enthalten einen hohen Anteil an Pellets (siehe unten), getrocknete Kräuter und Getreide in Flockenform. Verzichten Sie Ihrem Kaninchen (und Ihrem Geldbeutel!) zuliebe auf Mischungen, die überwiegend aus ganzen (und damit schlecht verdaulichen) Getreidekörnern und harten, grün und orange eingefärbten Brocken bestehen. Letztere sollen durch ihre Farbigkeit den Eindruck besonders natürlichen Futters erwecken, bestehen aber zumeist lediglich aus getrockneten Bäckereiabfällen, werden von den wenigsten Kaninchen gern gefressen und dienen anscheinend vor allem dazu, das Füllgewicht der Futterpackung auf billige Weise zu erhöhen. Pellets sind Röllchen aus getrocknetem und gepreßtem Grünfutter. Sie enthalten unter anderem wichtige Vitamine, Mineralien und Spurenelemente. Von der Zusammensetzung her reichen Pellets als Grundfutter völlig aus; es gibt sie daher auch als Alleinfutter verpackt. Züchter kaufen ihre Futterpellets in großen Mengen bei landwirtschaftlichen Genossenschaften, eine Möglichkeit, die auch Ihnen offensteht, denn man bekommt dort auch 5-kg-Säcke. Achten Sie dann nur dar-

Kaninchenpellets

Handelsübliches Kaninchenmischfutter: Diese Mischung ist wegen des hohen Anteils an ganzen Getreidekörnern für das Kaninchen schlecht verdaulich (siehe Seite 55).

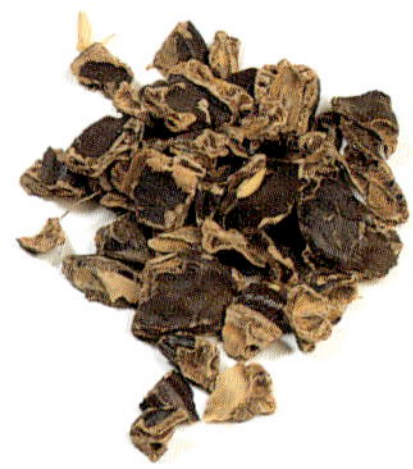

Johannisbrot (gebrochen)

auf, Zuchtfutter zu bekommen und kein Mastfutter. Schließlich wollen Sie Ihr Kaninchen ja nicht zur Schlachtreife bringen, sondern lediglich in bester Kondition erhalten!
So praktisch auch die Fütterung mit Pellets ist, sie hat doch einen großen Nachteil: Sie ist auf Dauer für das Tier langweilig. Nicht nur bei uns Menschen, sondern auch beim Tier stellt die Nahrungsaufnahme mehr dar als nur ein bloßes Am-Leben-Erhalten. Lust und Appetit gehören auch beim Kaninchen dazu. Einem Hund oder einer Katze werden Sie auch nicht jahraus, jahrein täglich das gleiche Fertigfutter anbieten.
Also: Pellets sind ein gutes Alleinfutter, mit Beimischungen aber noch besser. Täglich eine Handvoll Mischfutter aus Trockenkräutern und Getreideflocken zusätzlich macht den Speiseplan für das Kaninchen interessanter. Durch gelegentliche weitere Beigaben kann er noch aufgewertet werden. Wichtig dabei ist das Wörtchen „gelegentlich", denn als ständiger Bestandteil wird ein Leckerbissen langweilig.
Aus meiner Praxis kann ich die folgende Beigaben zum Grundfutter empfehlen:

- Cornflakes
- Zwieback
- Knäckebrot und
- Johannisbrot.

Darüber hinaus bieten die Tierfutterhersteller noch diverse Leckereien wie Joghurt-Drops, Gemüsekräcker und andere Dinge an.

Wichtig: Denken Sie daran, daß es unter den Tieren Individualisten gibt! Nicht jedes Kaninchen bevorzugt die

gleichen Futterbestandteile, man muß ein wenig experimentieren. Oft hungert ein Tier lieber, bevor es ein bestimmtes Futter akzeptiert.
Nehmen Sie bei der Anschaffung ein Päckchen jenes Futters mit, das Ihr Kaninchen im Zoogeschäft oder beim Züchter bekommen hat. Wenn Sie die Sorte wechseln, muß das schrittweise geschehen: Mischen Sie das bisherige Futter mit dem neuen, und verringern Sie den Anteil des bisherigen nach und nach. So verhindern Sie Verdauungsprobleme. Falls sich Ihr Kaninchen zu sehr auf bestimmte Nahrungsmittel verlegt, kürzen Sie ihm die Rationen dieser Futterbestandteile. Ansonsten können Sie bald die Hälfte des Futters als nicht gefressen wegwerfen.

Rauhfutter

Als sogenanntes Rauh- oder Ballastfutter muß dem Kaninchen immer frisches Heu zur Verfügung stehen, da sonst sein Verdauungstrakt nicht richtig arbeiten kann. Lagern Sie das Heu luftig und trocken, damit sich keine Pilzsporen darin festsetzen, die das Leben des Langohrs gefährden.

Wichtig: Richtig gelagertes Heu riecht angenehm und würzig, verdorbenes dagegen muffig. Es darf auf keinen Fall verfüttert werden! Verwenden Sie es

Heu

auch nicht mehr als Einstreu, denn den einen oder anderen Halm aus seinem „Bett“ frißt das Kaninchen doch.

Heu erhalten Sie in Tüten im Zoofachgeschäft oder als Ballen direkt beim Bauern. Auch Stroh wird als Rauhfutter genommen, aber weniger gern und in kleinerer Menge.

Beschäftigungsfutter

Die hier erwähnten Futtermittel sind für das Kaninchen fast so wichtig wie das Grundfutter. Obwohl es im zoologischen Sinne nicht zu den Nagetieren gehört, ist das Kaninchen doch wie diese ein emsiger Arbeiter bei der Futtersuche. Wildkaninchen zum Beispiel mümmeln eben nicht nur Gras und Löwenzahn in sich hinein, sondern nagen auch Rinde von den Gehölzen ab. Jeder Gärtner und jeder Forstwirt kann ein Lied davon singen!

Für diese Tätigkeit hat die Natur unser Kaninchen mit meißelförmigen Schneidezähnen ausgerüstet, die, anders als unsere eigenen, keine Wurzeln haben und deshalb zeitlebens weiterwachsen.

Wichtig: Gibt man dem Kaninchen keine Gelegenheit zum Nagen und damit zur Abnutzung, werden die Zähne lang und länger, bis sie schließlich aus dem Maul herauswachsen und das Tier bei der Nahrungsaufnahme behindern.

Ein freilebendes Kaninchen mit überlangen Zähnen ist dem sicheren Tod ausgesetzt. Hauskaninchen mit einer solchen Mißbildung lassen sich behandeln, indem der Tierarzt die Zähne abkneift. Besser ist es aber, natürlich vorzubeugen!
Geben Sie dem Kaninchen also regelmäßig hartes Futter zur Beschäftigung: altes Brot (ohne Schimmelbildung natürlich!) oder Zweige von Laubbäumen, besonders von Obstbäumen (ungespritzt!). Fehlt Nagefutter, wird das Kaninchen sein Nagebedürfnis an Ihren Möbeln zu befriedigen versuchen. Das ist dann keine Zerstörungslust, sondern das pure Abreagieren eines lebensnotwendigen Triebes!
Tierfutterhersteller bieten allerlei Knabberkost an, bei der das Angenehme (Leckerbissen) mit dem Nützlichen (Nagefutter) verbunden ist. Die Knabberherzen und Kräcker und wie sie alle heißen bestehen aus einem weichen Holz im Inneren, auf das eine Schicht Körnerfutter inklusive einiger Leckereien aufgetragen wurde, oder einfach aus fest zusammengefügtem Futter. Für das Kaninchen haben sie etwa den gleichen Stellenwert wie für uns eine Tüte Popcorn oder Chips beim Fernsehen – nur daß sie wesentlich gesünder sind ...

Altes, hartes Brot dient zum Abnutzen der ständig wachsenden Zähne

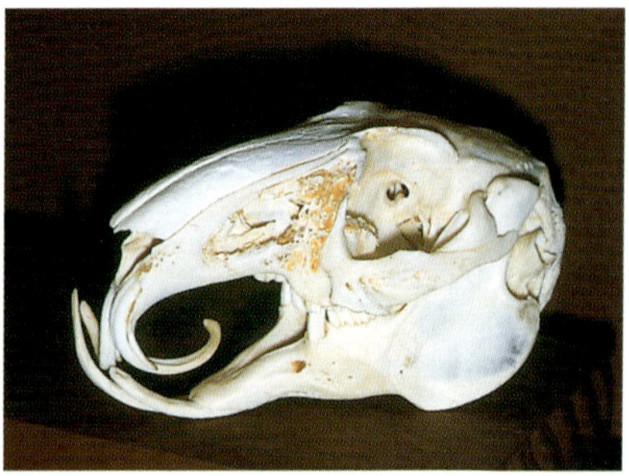

Ohne Nagemöglichkeit wachsen die Zähne überlang!

Knabberstangen sind Leckerbissen, Beschäftigung und Zahnpflege zugleich

Alle Kaninchen lieben Löwenzahn!

Saftfutter

Unter diesem Begriff fassen wir Obst und Gemüse zusammen.
Wie wichtig Saftfutter für die Ernährung des Kaninchens ist, sehen wir daran, daß Wildkaninchen in erster Linie Grünes zu sich nehmen und keine Körnerfresser sind. Saftfutter ist vitamin- und nährstoffreich und kann zu bestimmten Jahreszeiten (vor allem in den Monaten Mai und Juni) sogar das Kraftfutter ersetzen.
Durch das reichhaltige Angebot an Obst und Gemüse im Handel sind wir heute unabhängig von einer Saison. Wir können aber den Speisezettel im Frühjahr und Sommer durchaus um einige gesammelte Dinge bereichern! Verschiedene Futtermittel lassen sich im Garten anpflanzen, einige Leckerbissen (Petersilie!) sogar auf dem Balkon ziehen. Auch hier gilt: Abwechslung ist von Vorteil, und nicht jedes Tier hat die gleichen Vorlieben!
Wenn Sie das Futter selbst sammeln, müssen Sie die wichtigsten Futterpflanzen kennen. Dabei sind Ihnen anfangs Bestimmungsbücher über heimische Wild- und Nutzpflanzen sehr hilfreich. Favorit aller Kaninchen ist der Löwenzahn, gern genommen werden aber auch Gras und viele andere Kräuter (siehe Tabelle Seite 63), z.B. der Bärenklau.

Achtung: Verwechseln Sie den heimischen Bärenklau *(Heracleum sphondylium)* auf keinen Fall mit dem Riesenbärenklau *(Heracleum mantegazzianum)*, auch Herkulesstaude (siehe Seite 73), der jetzt immer öfter im Freiland vorkommt. Der Saft dieser bis zu

2 m hohen Pflanze kann nicht nur Ihr Kaninchen beim Fressen, sondern auch Sie selbst schon beim Einsammeln schwer verätzen!
Auch zahlreiche Wildpflanzen sind für Kaninchen giftig (siehe Tabelle Seite 73). Besondere Vorsicht ist geboten bei der Herbstzeitlose. Im Herbst ist sie an ihren krokusähnlichen rosa bis weißen Blüten leicht zu erkennen und so zu umgehen, aber im Frühjahr und im Sommer lockt sie mit großen, saftiggrünen Laubschöpfen, denen man ihre Gefährlichkeit nicht ansieht.

Unser Tip

Greifen Sie immer erst zu Ihrem Bestimmungsbuch, bevor Sie eine schmackhaft erscheinende Wildpflanze als Futter einsammeln; Giftpflanzen sind dort in der Regel besonders gekennzeichnet.

Unter den Nutzpflanzen besonders brauchbar sind Möhre und Kohlrabi, ebenso deren Laub, sowie einige Salat- und Rübensorten (siehe Tabelle Seite 63), ebenso deren Laub.

Unter den diversen Obstsorten werden nicht zu saftige bevorzugt, namentlich Apfel und Birne.

Spezielle Beachtung möchte ich der Sonnenblume und dem ihr nahe verwandten Topinambur schenken: Das Laub und das Stengelmark beider wird von Kaninchen sehr gern genommen, von dem Topinambur eventuell auch die kartoffelähnliche Knolle. Noch weiche und saftige Maiskolben sowie Rosenblätter (auch getrocknet) sind Geheimtips.
Mit Vorsicht zu genießen sind

- Rotklee,
- Salat (Nitritbelastung; Ausnahmen: Feldsalat, Endivie)
- rohe Kartoffeln,
- Wirsing und anderer Kohl, da es durch deren Verfütterung zu schweren und für das Kaninchen schmerzhaften Blähungen kommen kann.
- Kartoffel- und Tomatenlaub (beide sind Nachtschattengewächse!),
- Kartoffelkeime und
- rohe Bohnen sind für Kaninchen giftig.

Zu beachten ist, daß gesammeltes wie gekauftes Grünfutter sorgfältigst abgewaschen (Spritzmittel, Vogelkot usw.) und vor der Verfütterung wieder abgetrocknet werden muß und nicht direkt aus dem Kühlschrank verfüttert werden soll (besser mit Zimmertemperatur). Schließlich sei noch darauf hingewiesen, daß speziell die Verfütterung von Kohlrabi (Knolle und Laub) den Käfiggeruch verstärkt.

Kohl sollte nur in kleinen Mengen verfüttert werden

Speisereste

Reste menschlicher Gerichte gehören grundsätzlich nicht auf den Speisezettel eines Kaninchens. Es gibt aber einige wenige Ausnahmen, die dem Kaninchen nicht schaden, wenn es ab und zu davon frißt. So nehmen viele Kaninchen gern

- gekochte Kartoffeln und
- selbstgemachten Kartoffelbrei (also kein Fertigpüree) sowie vor allem
- gekochte Nudeln, ohne gesundheitliche Folgen zu zeigen. Natürlich müssen solche Reste frei von Sauce oder scharfen Gewürzen sein.

Lecksteine

Zwar versorgen Grund- und Saftfutter unser Langohr mit den lebenswichtigen Mineralien, doch nehmen die meisten Kaninchen gern einen Kalk- oder Salzleckstein an.

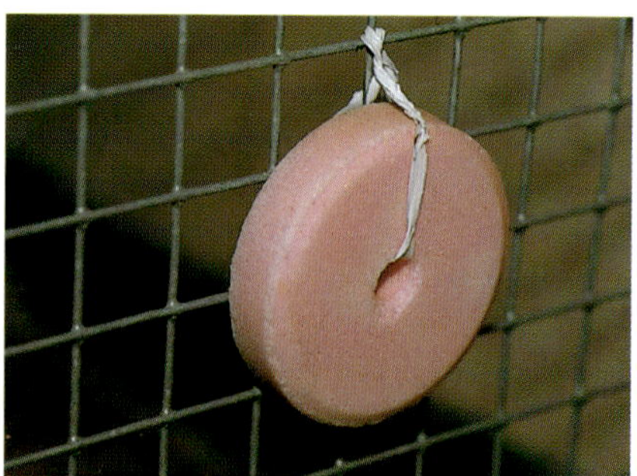

Salzleckstein

Trinkwasser

Der Flüssigkeitsbedarf von Kaninchen kann von Tier zu Tier sehr unterschiedlich sein. So hielt ich einige Zeit lang unter gleichen klimatischen Bedingungen zwei männliche Kaninchen, von denen eines einen Wasserverbrauch von einem knappen halben Liter pro Tag hatte, während sich das andere mit der Feuchtigkeit zufriedengab, die sein Saftfutter enthielt, und überhaupt nicht trank! Auch hier müssen Sie also durch Experimentieren den Bedarf Ihres Kaninchens herausfinden. Normalerweise aber sollte jedem Kaninchen ständig Wasser zur Verfügung stehen – auch wenn es täglich Saftfutter erhält. Wenn Sie das Tier mit beidem gleichzeitig versorgen, können Sie auf die im Handel angebotenen Vitaminpräparate als Zusatz zum Trinkwasser durchaus verzichten.

Unser Tip

Achten Sie darauf, daß der Trinknippel der Kaninchentränke nicht über den Futternapf oder über das Heubett ragt. Es löst sich nämlich immer mal wieder ein Tropfen, der dann das Futter verderben kann!

Geeignetes Grünfutter

Wildpflanzen

Bärenklau *(Heracleum sphondyleum)*
Beinwell *(Symphytum)*
Gänsedistel *(Sonchus)*
Gras
Hirtentäschelkraut *(Capsella bursa-pastoris)*
junge Brennesseln *(Urtica)*
Löwenzahn *(Leontodon)*
Sauerampfer *(Rumex acetosa)*
Vogelmiere *(Stellaria media)*
Wegerich *(Plantago)*

Nutzpflanzen

Apfel
Birne
Chicorée
Chinakohl
Endivie
Feldsalat
Futterrübe
Kartoffeln, roh (Vorsicht! kein Kartoffelkraut)
Kohl, alle Arten (Vorsicht!)
Kohlrabi mit Kraut
Luzerne
Maiskolben
Möhre mit Kraut
Rosenblätter, frisch und getrocknet
Sellerie
Sonnenblume
Spinat
Steckrübe
Topinambur, Kraut und Knolle

Absolut giftige Nutzpflanzen

Kartoffelkraut
Tomatenkraut
Kartoffelkeime
rohe Bohnen

Leben mit dem Kaninchen

Die ersten Stunden

Wenn Sie mit dem eben erworbenen Kaninchen zu Hause ankommen, ist natürlich die Verlockung groß, es gleich auf den Schoß zu nehmen und ausgiebig zu streicheln. Damit aber tun Sie dem verängstigten Tier keinen Gefallen! Überlegen Sie sich, was Ihr „Hoppel" jetzt innerhalb kürzester Zeit erlebt hat: Er wurde aus seiner gewohnten Umgebung herausgerissen, in ein mehr oder weniger dunkles Gefäß gesteckt und auf dem Transport wahrscheinlich kräftig durchgeschaukelt, um dann in völlig fremder Umgebung mit einer Vielzahl neuer Eindrücke wieder ans Tageslicht zu gelangen. Klar, daß er verschreckt ist und bei jeder Berührung und bei unbekannten Geräuschen zusammenzuckt!
Setzen Sie daher das Kaninchen erst einmal in seinen Käfig, und geben Sie ihm Zeit, um sich an neue Anblicke, Geräusche und Gerüche zu gewöhnen. Wie lange das dauert, hängt vom Individuum ab. Ängstliche Kaninchen, besonders solche, die schon schlechte Erfahrungen gemacht haben, können dafür sogar Wochen benötigen, während ruhige Gemüter manchmal mit zwei bis drei Tagen auskommen.

Der Neuankömmling gehört auf keinen Fall gleich auf den Schoß! (Widderzwerg thüringerfarbig)

Das Kaninchen wird zahm

In der Eingewöhnungszeit müssen Sie auch darauf verzichten, das Kaninchen zum Fressen aus der Hand zu bewegen. Das können Sie erst versuchen, wenn es ruhiger geworden ist. Sie erkennen das etwa daran, daß es nicht mehr mit weit aufgerissenen Augen im Käfig sitzt oder bei alltäglichen Geräuschen heftig zu atmen beginnt.

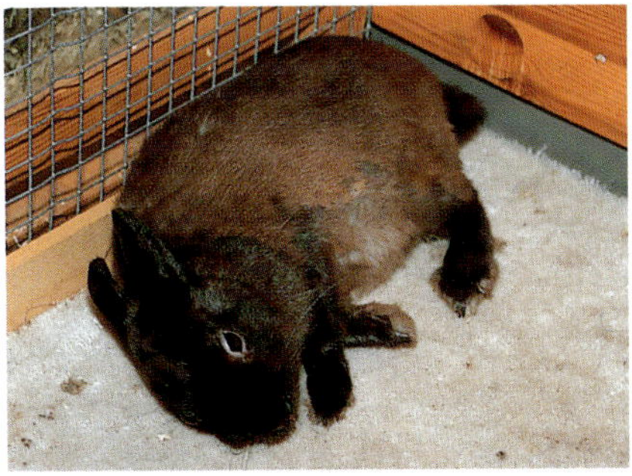

So legt sich ein Kaninchen nur dann hin, wenn es sich sicher und „sauwohl" fühlt (Farbenzwerg braunmarder)

Wie viele Tiere läßt sich auch ein Kaninchen am leichtesten über das Verabreichen von Leckerbissen zähmen.

Halten Sie ihm eine Mohrrübe oder ein Stück Apfel oder noch besser ein Blatt Löwenzahn in den Käfig und folgen Sie dem Tier nicht mit der Hand, wenn es davor flüchtet (dann nämlich würden Sie es unter Streß setzen). Der verlockende Geruch des Futters wird das Kaninchen früher oder später dazu bringen, sich Ihrer Hand zu nähern. Bald wird die Angst vor dem Geruch der Hand durch den Appetit übertönt, und es nimmt den dargebotenen Leckerbissen an. Natürlich wird es versuchen, Ihnen die Gabe aus den Fingern zu reißen; daher halten Sie sie mit sanfter Gewalt fest. Es kann vorkommen, daß das Kaninchen dann losläßt

Unser Tip

Sie erkennen die vollzogene Eingewöhnung daran, daß sich das Kaninchen auf die Seite wälzt und völlig entspannt liegenbleibt. Das macht es nämlich nur, wenn es sich hundertprozentig wohl fühlt.

und sich zurückzieht. Aber keine Angst, es wird einen zweiten und auch noch einen dritten Anlauf unternehmen, und schließlich wird es zu fressen beginnen. Der erste Schritt wäre damit getan. Wenn „Hoppel" Ihnen mehrere Tage hintereinander aus der Hand frißt, können Sie den zweiten Schritt wagen.

Berühren Sie ihn vorsichtig mit der anderen Hand, und zwar am besten an der Stirn. Die Berührung an dieser Stel-

Wenn Kaninchen mit halb geschlossenen Augen dösen, möchten sie nicht gestört werden

le (etwa zwischen den Augen) ist ein Kaninchen von seinen Artgenossen her gewohnt, es ist eine Art Begrüßung. Duldet das Tier Ihre Annäherung, dürfen Sie mit einem Finger die Stirn hinauf bis zwischen die Ohren fahren und dort ein wenig zaghaft kraulen. Erschrecken Sie nicht, wenn es unwillig den Kopf zurückreißt; es ist dann einfach momentan für solche „Intimitäten" nicht zugänglich. Versuchen Sie es beim nächsten Mal wieder!
Mit der Berührung des Kopfes ist die größte Hürde genommen.

Erste Kontaktversuche (Holländerkaninchen schwarz)

Von nun an können Sie sich bei der Fütterung mit Ihrer Hand immer weiter auf dem Kaninchenkörper vortasten. Beachten Sie dabei, daß viele Kaninchen an ihrer Unterseite kitzlig sind und Berührungen und Kraulen dort mit Abwehr strafen. Einen heftigen Biß müssen Sie dabei normalerweise nicht befürchten, aber zwicken oder kratzen kann auch das friedfertigste Kaninchen! Für den Zähmungsvorgang ist es von Vorteil, wenn Sie ihn mit ruhigem Sprechen begleiten; das beruhigt das Tier und macht es mit Ihrer Stimme vertraut.

Bald wird Ihr Kaninchen schon ans Gitter kommen, wenn Sie vor den Käfig treten, und es auch dulden, daß Sie es berühren, ohne sich die Erlaubnis dafür mit einem Leckerbissen zu erkaufen. Dann ist es nur noch ein kleiner Schritt dahin, daß das Langohr sich gegen Ihre hingestreckte Hand drängt und so um Streicheleinheiten bittet.

Sprechen Sie das Kaninchen beim Streicheln mit seinem Namen an. Es kann lernen, dieses Wort mit etwas Angenehmem in Verbindung zu bringen und darauf zu reagieren. Seien Sie aber bitte nicht zu sehr enttäuscht, wenn es gerade bei Ihrem Kaninchen nicht funktioniert. Auch unter tieren gibt es kluge und dumme, lernwillige und lernfaule Individuen!

Erst wenn Ihr Kaninchen „streichelzahm" ist, sollten Sie ihm Freilauf im Zimmer gönnen. Ein noch nicht zahmes Tier wieder einzufangen und in den Käfig zu setzen, artet nämlich in eine wilde Jagd aus, die weder für die Gesundheit noch für das Vertrauen des Tieres förderlich ist. So können Sie das Verhältnis zu Ihrem Kaninchen zerstören, bevor es richtig angefangen hat!

Richtige „Handhabung"

Ein Kaninchen richtig hochzuheben, will gelernt sein, sonst fügen Sie dem Tier einen körperlichen Schaden zu – oder das Tier Ihnen!

Wichtig: Die langen Ohren sind nicht als Henkel gedacht, Sie dürfen das Kaninchen auf gar keinen Fall daran hochheben! Es würde in wahnsinniger Angst strampeln und damit sein eigenes Genick gefährden. Derart be- oder, besser gesagt, mißhandelte Kaninchen verlieren jegliches Vertrauen zu ihrem Pfleger.

Kinder und zaghafte Erwachsene neigen dazu, das Kaninchen wie eine Katze mit beiden Händen um den Bauch zu fassen und so aufzuheben. Dagegen ist im Prinzip nichts zu sagen, doch müssen dann sofort nach dem Hochheben die Beine des Kaninchens irgendwo Halt finden, sonst werden ihm die Körperorgane zusammengedrückt. Kurz gesagt: Dieser Griff dient nur dem Anheben, ist aber für das Tragen ungeeignet! Viele Kaninchen strampeln, wenn sie derart hochgehoben werden, weil sie Angst bekommen oder ganz einfach am Bauch kitzlig sind. Sie können dann mit ihren kräftigen Krallen tiefe Kratzer reißen, und womöglich läßt der Besitzer das Tier vor Schreck fallen, wobei es sich schwer verletzen kann.
Der sicherste und ungefährlichste Griff ist noch immer der am Schulterfell – auch wenn er manchen feinfühligen Tierfreund Überwindung kostet, weil er so nach Aufhängen aussieht. Greifen Sie wohlgemerkt ins Schulter- und nicht ins Nackenfell, denn sonst strangulieren Sie Ihr Kaninchen! Jungtiere sollte man noch nicht auf diese Weise hochheben, ihre Haut ist für eine derartige Belastung noch zu zart. Der große Vorteil dieser Methode ist, daß das Kaninchen dabei nicht strampelt (außer, wenn sie zu zaghaft zufassen und es Angst bekommt, abzurutschen). Heben sie das Tier – wie auf den Fotos gezeigt – mit einer Hand am Schulterfell hoch und greifen Sie mit der anderen unter die Hinterfüße, um den Körper von seinem Eigengewicht zu entlasten.
Eine andere Möglichkeit ist der Griff mit einer Hand von der Seite um die Vorderbeine, die dabei zwischen Mit-

Das sichere Hochheben des Kaninchens: Heben Sie das Tier mit festem Griff ins Schulterfell an …

… und stützen Sie sofort die Hinterbeine ab, um so das Gewicht abzufangen

tel- und Ringfinger fixiert werden, während die andere Hand das Hinterteil anhebt. Dies funktioniert jedoch nur, wenn die Hände nicht zu klein (Kinder!) sind bzw. das Kaninchen nicht zu groß ist.
Wollen Sie das Kaninchen länger tragen, dann setzen Sie es auf den angewinkelten Unterarm, ähnlich, wie wenn Sie ein Baby in der Armbeuge tragen, und halten Sie es mit der freien Hand im Schulterbereich fest, damit es nicht abrutschen kann. Das Tragen in aufrechter Haltung – das Kaninchenhinterteil ruht auf einer Hand, seine Vorderbeine sind gegen die Brust des Trägers gestützt – ist dem Kaninchen eher unangenehm; vermeiden Sie es deshalb möglichst.

Allerlei Kurzweil

Die beiden besten Beschäftigungen für das Kaninchen sind Fressen und Laufen. Wildkaninchen sind die meiste Zeit ihres Lebens in ständiger Bewegung, um Futter zu suchen oder vor Bedrohungen zu fliehen. Die Futtersuche entfällt beim Hauskaninchen und

Aufrechtes Getragenwerden ist Kaninchen unangenehm,...

... weswegen man sie lieber auf diese Weise tragen sollte

sollte daher durch Beschäftigungsfutter ersetzt werden; Anregungen finden Sie im Futterkapitel (siehe Seite 57). Natürlich muß ein Hauskaninchen auch nicht vor Feinden fliehen, aber es will seinen Lauftrieb abreagieren. Läßt man es nie aus dem Käfig, wird es stumpfsinnig und fett. Das hat nichts mit dem Prinzip des Eingesperrtseins, also einer Gefangenschaft im menschlichen Sinne, zu tun, sondern einfach damit, daß die üblichen Kaninchenkäfige dem Tier keinen Platz zum Laufen lassen. Schon in einem Käfig von Quadratmetergröße findet ein durchschnittlich großes Kaninchen, und erst recht ein „Zwerghase“, so viel Raum, daß man es auch guten Gewissens für einige Tage ohne Freilauf lassen kann.

Wichtig: Lebt der Mümmelmann aber in einem handelsüblichen Käfig, muß der Halter ihm einen täglichen Auslauf von mindestens einer Stunde gewähren. Die nötige Bewegung verschafft sich das Kaninchen dann schon selbst.

An manchen Tagen kann es durchaus faul sein, sich nur vom Käfig zu seinem Lieblingsplatz im Zimmer bewegen und sich dort für längere Zeit niederlassen. Das heißt aber nicht, daß es nicht am nächsten Tag wieder kapriolenschlagend durch das Zimmer springt!
„Fangen spielen" gefällt dem Kaninchen nur, wenn es selbst den Vorschlag dazu machen kann. Wenn „Hoppel" immer wieder zu Ihnen hin- und wieder wegläuft und dabei Luftsprünge vollführt und den Kopf schüttelt, dann ist er in Spiellaune und möchte beschäftigt werden.
Für Spielzeuge interessieren sich die meisten Kaninchen nicht. Eines meiner Tiere ignorierte zwar Bälle, war aber von einem zusammengeknüllten Stück Papier begeistert. Der Papierball wurde beknabbert, mit den Zähnen hochgehoben und weggeschleudert. Ähnlich spielen die Kaninchen auch mit kleinen Zweigen.
Für Schlupfwinkel und Höhlen interessieren sich die neugierigen Langohren immer. Mit einem großen Karton, in den Schlupflöcher geschnitten sind, können sie sich stundenlang beschäftigen, und mit Vorliebe verschwinden sie hinter Möbelstücken; dabei gibt es natürlich einiges zu beachten, wie Sie im folgenden Kapitel erfahren werden.
Spätestens beim Freilauf Ihres Kaninchens wird Ihnen ein markantes Ver-

Viele Kaninchen schätzen das Sofa als Ruheplatz (Farbenzwerg braunmarder)

Manche Langohren suchen sich allerdings auch exquisitere Lieblingsplätze!

halten auffallen: Das Tier beschnuppert eine Möbelkante oder einen anderen Gegenstand und reibt danach sein Kinn darüber. Dies ist ein Markierungsverhalten: Mit dem Sekret einer Kinndrüse (für menschliche Nasen nicht wahrnehmbar) markiert das Tier – unabhängig von seinem Geschlecht – seinen Besitz. Diese Markierungen werden immer wieder kontrolliert und erneuert.

Gefahren beim Freilauf

Primär ist zu unterscheiden, ob das Kaninchen oder seine Umgebung gefährdet ist.
Kaninchen nagen gern, wodurch Tapeten, Möbel- und Teppichkanten sowie Kabel in Mitleidenschaft gezogen werden können – wohlgemerkt können, denn es gibt unter Kaninchen Nagefanatiker genauso wie Nichtnager. Wenn Sie Ihrem Kaninchen altes Brot, Äste oder Futterkräcker zum Nagen bieten, steigt die Wahrscheinlichkeit, daß Ihre Wohnungseinrichtung unversehrt bleibt. Daß besonders Kabelfraß auch für das Tier schwerwiegende Folgen haben kann, liegt auf der Hand.
Auch Zimmerpflanzen werden gern angeknabbert, womit ich schon zu den Gefährdungen für die Gesundheit Ihres

Kaninchen interessieren sich auf ihre Weise für Technik

Giftige Zimmerpflanzen

Viele Topfpflanzen enthalten giftige oder schleimhautreizende Stoffe, unter anderem ein großer Teil der beliebtesten Zimmerpflanzen. Zu nennen sind vor allem:

Aronstabgewächse,
z.B. Baumfreund *(Philodendron)*,
Dieffenbachie *(Dieffenbachia)*,
Efeutute *(Scindapsus* bzw. *Epipremnum* oder *Rhaphidophora)*,
Einblatt *(Spatiphyllum)*,
Fensterblatt *(Monstera)*,
Flamingoblume *(Anthurium)*,
Kolbenfaden *(Aglaonema)*,
Purpurtute *(Syngonium)*,
Zimmerkalla *(Zanteschia)*

Araliengewächse,
z.B. Aralie *(Fatsia)*,
Efeu *(Hedera)*,
Efeuaralie *(Fatshedera)*,
Fingeraralie *(Dizygotheca)*,
Schefflera *(Schefflera)*

Wolfsmilchgewächse,
z.B. Christusdorn *(Euphorbia milii)*,
Kroton (= Wunderbaum, *Codiaeum)*,
Weihnachtsstern *(Euphorbia pulcherrima)*

Gummibäume,
z.B. Birkenfeige (=„Benjamin", *Ficus benjamina)*,
Gummibaum *(Ficus elastica)*

alle Farne

Außerdem:

Agave *(Agave)*,
Aloe *(Aloe)*,
Alpenveilchen *(Cyclamen)*,
Azalee *(Rhododendron)*,
Bogenhanf (= Schwiegermutterzunge, *Sanseveria)*,
Chrysantheme (*Chrysanthemum,* auch als „Winteraster" bekannt),
Clivie *(Clivia)*,
Engelstrompete (= Stechapfel, *Datura* bzw. *Brugmansia)*,
Eisenkraut *(Verbena)*,
Geranie *(Pelargonium)*,
Hortensie *(Hydrangea)*,
Madagaskarpalme *(Pachypodium)*,
Oleander *(Nerium)*,
Passionsblume *(Passiflora)*,
Porzellanblume *(Hoya)*,
Wandelröschen *(Lantana)*

Giftige Gartenpflanzen

Auch hier kann es zu Vergiftungen kommen, wenn das Kaninchen im Haus einen Gartenblumenstrauß oder ein Gesteck erreichen kann oder im Gartenauslauf von Kindern mit irgendwo abgerissenen Blättern gefüttert wird. Neben den schon für das Zimmer erwähnten Arten, die Verwandte im Freiland haben (z.B. Efeu oder Azalee), gehören zu diesem Gefahrenkreis z.B.:

Blauregen *(= Glyzine, Wisteria)*,
Buchsbaum *(Buxus)*,
Goldregen *(Laburnum)*,
Lebensbaum *(Thuja)*,
Liguster *(Ligustrum)*,
Lupine *(Lupinus)*,
Mistel *(Viscum)*,
Stechpalme *(Ilex)*,
Rittersporn *(Delphinium)*,
Riesenbärenklau (= Herkulesstaude, *Heracleum mantegazzianum)*,
Ziertabak *(Nicotiana)*,
dazu alle Wolfsmilch-Arten *(Euphorbia)* und Farne sowie sehr viele Zwiebelgewächse (z.B. Narzissen, Herbstzeitlose, Kaiserkronen, Hyazinthen)

Giftige Wildpflanzen

Für das gefahrlose Sammeln von Grünzeug im Freiland ist ein Bestimmungsbuch unumgänglich. Machen Sie vor allem einen großen Bogen um folgende Arten:

Bärlauch *(Allium ursinum)*,
Bilsenkraut *(Hyoscyamus)*,
Bingelkraut *(Mercurialis)*,
Buschwindröschen *(Anemone nemorosa)* und andere Anemonen,
Christrose *(Helleborus)*,
Eisenhut *(Aconitum)*,
Fingerhut *(Digitalis)*,
Gundermann (= Gundelrebe, *Glechoma)*,
Hahnenfuß (= Butterblume, Scharbockskraut, *Ranunculus)*,
Hundspetersilie *(Aethusa)*,
Immergrün *(Vinca)*,
Küchenschelle (= Kuhschelle, *Pulsatilla)*
Maiglöckchen *(Convallaria)*,
Märzenbecher *(Leucojum)*,
Mohnblume *(Papaver)*,
Nachtschatten *(Solanum)*,
Primeln (= Schlüsselblume, *Primula)*,
Sauerklee *(Oxalis)*,
Schneeglöckchen *(Galanthus)*,
Schierling *(Conium)*,
Schöllkraut *(Chelidonium)*,
Seidelbast *(Daphne)*,
Sumpfdotterblume *(Caltha)*,
Tollkirsche *(Atropa)*,
Trollblume *(Trollius)*,
Wasserschierling *(Cicuta)*,
Zaunrübe *(Bryonia)*

Kaninchens überleiten kann; denn viele Gewächse, die wir in unseren Wohnungen pflegen, sind giftig (siehe Tabelle Seite 72). Sorgen Sie also dafür, daß „Hoppel“ nicht an die Pflanzen herankommen kann.

Wichtig: Zahme Kaninchen versuchen oft, „ihrem Menschen“ bei Verlassen des Zimmers zu folgen, oder erwarten schon an der Tür sein Hereinkommen. Öffnen und schließen Sie daher Türen äußerst vorsichtig und mit kontrollierendem Blick, wenn das Tier Freilauf hat.

Lassen Sie in erreichbarer Nähe des Kaninchens weder Chemikalien (wie etwa Haushaltsreiniger) noch volle Aschenbecher stehen! Dem Hauskaninchen fehlt der oft lebensrettende Instinkt des Wildtieres, Ungenießbares

Eine Methode, Kabelfraß zu verhindern

stehen- und liegenzulassen, es kann sich schwere Vergiftungen zuziehen. Wenn Ihr Kaninchen es gewohnt ist, auf das Sofa zu springen, achten Sie bitte genau darauf, wo Sie sich hinsetzen! Vielleicht ist Ihr Lieblingsplatz ja schon durch „Hoppel“ besetzt, der es sich zwischen den Kissen gemütlich gemacht hat.
Falls Sie einen Hund, eine Katze oder einen großen Papagei haben und sich dieses Tier nicht mit dem Langohr verträgt, dann achten Sie darauf, daß sich die Tiere in getrennten Zimmern aufhalten (bzw. der Papagei im Käfig sitzt). Schließen Sie stets die Tür, wenn Sie den Raum verlassen.

Kann man ein Kaninchen erziehen?

In gewissem Sinne ja. Man kann es zur Stubenreinheit erziehen und dazu, von etwas abzulassen.
Die meisten Kaninchen sind bestrebt, ihren Urin immer an einer bestimmten Stelle abzusetzen, im Idealfall also in ihrem Käfig, der dem Tier beim Freilauf immer zugänglich sein sollte. Mitunter sucht sich das eigenwillige Tier aber auch einen anderen Platz für seine „kleinen Geschäfte“, meistens in einer Ecke; niemand kennt die Beweg-

Viele Kaninchen lernen es, beim Freilauf eine Klokiste zu benutzen

gründe für die Wahl der bevorzugten Plätze.

Verteilt Ihr „Hoppel" seine Kügelchen im ganzen Raum, dann sammeln Sie sie mit einem Papiertaschentuch oder einem Fegeblech ein und werfen Sie sie in die Kaninchentoilette. Wenn das Tier nicht ausgesprochen dumm oder dreist ist, dann merkt es bald, was von ihm erwartet wird.

Daß verschiedene Gegenstände oder Zimmerbereiche für sie „pfui" sind, habe ich meinen Kaninchen auf einfache Weise klargemacht. Zu diesem Zweck habe ich mich an einen günstigen Platz gesetzt und mich mit einer Packung Papiertaschentücher bewaffnet. Näherte sich eines der Kaninchen in der typischen Erkundungshaltung (Augen weit geöffnet, Ohren nach vorn gestellt, Körper in voller Länge gestreckt) etwa der bodenlangen Gardine, stieß ich einen schrillen Pfiff aus und schleuderte dem ertappten Langohr mit voller Wucht die Taschentuchpackung aufs Hinterteil. Ein solches Päckchen ist weich genug, um

Unser Tip

Wenn Sie vermeiden wollen, daß sich Ihr Kaninchen auf Ihrem Teppich ein Pissoir einrichtet, dann stellen Sie einfach den Käfig oder aber eine Katzentoilette genau auf diese Stelle.

Kabel, Tapeten, Fußleisten: Wenn Sie Ihr Kaninchen nicht erziehen, läßt es seinem Nagetrieb freien Lauf

das Tier nicht zu verletzen, aber spürbar genug, um es zu erschrecken. Durch die Fernwirkung brachten die Kaninchen den Schrecken nicht mit mir in Verbindung, sondern mit dem Pfiff und dem Ort, an dem ihnen der Schreck widerfahren war. Sie schlugen Alarm, indem sie kaninchentypisch mit beiden Hinterläufen gleichzeitig auf den Boden stampften, und machten kehrt. Kamen sie dann zu mir, erhielten sie besonders ausgiebige Streicheleinheiten. Nach etwa zwei Wochen waren sie auf den „Pfui"-Pfiff dressiert, der auch sonst fast immer funktionierte.
Ich sage fast, denn manchmal war die Verlockung für die Tiere eben doch zu groß. So wollte eines meiner Kaninchen immer gern hinter einem Möbelstück verschwinden, hinter dem mehrere Kabel lagen, weswegen ich dieses Versteck auf die genannte Weise für tabu erklärte. Ab und zu aber setzte sich das Langohr darüber hinweg, hoppelte – Desinteresse vortäuschend – auf den verlockenden Schlupfwinkel zu, stampfte urplötzlich Alarm – und verschwand blitzartig hinter dem Möbel! Dann mußte ich natürlich doch in persona eingreifen. Bemerkenswert ist das Alarmstampfen vorher, das die große Überwindung und das schlechte Gewissen deutlich anzeigt!

Unser Tip

Wenn Sie Ihrem Kaninchen den Zugang zu Spalten zwischen den Möbeln verwehren wollen, dann können Sie diesen mit Flaschen passender Größe verstellen.

Das Kaninchen bekommt Gesellschaft

Wenn Sie wenig Zeit für Ihr Kaninchen haben, sollten Sie ihm einen Artgenossen als Gesellschafter gönnen. Die Angst, Ihr alteingesessenes Tier könnte dadurch seine Zahmheit einbüßen, ist völlig unbegründet.
Bei der Zusammengewöhnung gibt es allerdings einige wichtige Regeln zu beachten.

Vorsicht beim Zusammenführen fremder Kaninchen!

Wichtig: Da das eingesessene Tier einen Heimvorteil hat und sein Revier gegen Eindringlinge verteidigt, dürfen Sie es keinesfalls mit einem Neuankömmling zusammen in einen Käfig setzen.

- Damit sie sich aneinander gewöhnen, stellen Sie zwei Käfige so dicht nebeneinander, daß die Tiere einander sehen und riechen, aber nicht beißen können.
- Nach der Eingewöhnungszeit des Neulings lassen Sie diesen zuerst allein im Zimmer frei, damit er in Ruhe seine neue Umgebung erkunden kann.
- Wiederholen Sie dies einige Tage lang und lassen Sie dann erst das eingesessene Tier gleichzeitig aus seinem Käfig.

Beobachten Sie die Kaninchen gut. Es kann sein, daß sie sich ein paar deftige Ohrfeigen verpassen, doch das ist nicht schlimm. Erst wenn der Revierbesitzer anfängt, den Neuling gnadenlos herumzuhetzen, sollten Sie eingreifen und die Tiere trennen. Machen Sie nicht den Fehler, den Neuen draußen zu lassen und nur den „Platzhirsch" in den Käfig zu setzen! Dieser führt nämlich seinen Arrest auf den Eindringling und nicht auf sein eigenes Verhalten zurück und greift den Neuen bei nächster Gelegenheit um so heftiger an.

Beim Zusammengewöhnen sind noch weitere Dinge zu beachten. So lassen sich zwei unkastrierte Kaninchenböcke nicht aneinander gewöhnen. Ein unkastriertes Männchen drangsaliert ein kastriertes so sehr, daß auch diese Kombination zum Scheitern verurteilt ist. Zwei kastrierte Männchen können sich in seltenen Fällen vertragen, wenn sie zusammen aufgewachsen sind und gleichzeitig kastriert wurden; normalerweise gibt es aber auch hier früher oder später Streit. Bleiben folglich zwei Weibchen (möglichst jung zusammengesetzt) oder ein Paar mit einem kastrierten Männchen – falls Sie nicht Nachwuchs haben wollen.

Kaninchen und andere Heimtiere

Beim Zusammengewöhnen von Kaninchen und Meerschweinchen müssen Sie besonders vorsichtig sein, da Meer

schweinchen sich nur in seltenen Fällen gegen Angriffe wehren und daher übel zugerichtet werden können. Besser ist es, beide als Jungtier zusammenzusetzen und gemeinsam aufwachsen zu lassen. (Was gegen ein solches Mischpaar spricht, lesen Sie auf Seite 32.)
Männliche Kaninchen zeigen auch an artfremden Tieren weiblichen Geschlechts sexuelles Interesse und können ihrer Mitbewohnerin daher gewaltig auf die Nerven gehen. So hielt ich einen Rammler mit einem weiblichen Meerschweinchen zusammen. Dieses war zwar der Chef im Stall, hatte aber unter ziemlicher Verfolgung zu leiden, wenn der Rammler Lust bekam. Ich bot dem Meerschweinchen schließlich ein Häuschen an, in das ihm das viel größere Kaninchen nicht folgen konnte. Andere Kaninchenböcke waren bei mir hinter einem weiblichen Chinchilla oder gar einem zahmen Rattenweibchen her. Bei der Zusammenstellung eines Mischpaares ist also Vorsicht geboten!
Hund und Katze müssen in der ersten Zeit sehr gut beaufsichtigt werden, damit ihr Jagdtrieb nicht mit ihnen durchgeht. Gefährdet sind in erster Linie junge und sehr ängstliche Kaninchen. Ein erwachsenes und selbstbewußtes kann wiederum durchaus zu einem ebenbürtigen Partner der großen Tiere werden, ja sogar den Spieß umdrehen. So ist mir ein Fall bekannt, wo ein großes und kräftiges Kaninchen mit ausgeprägtem Selbstbewußtsein einen auf Besuch befind-

Hund und Kaninchen können Freunde werden, sollten aber nie unbeaufsichtigt zusammen bleiben

Kein guter Kaninchenpartner: Rennmaus

lichen, stattlichen, wenn auch noch recht jungen Rottweiler derart verprügelte, daß sich der Hund noch lange Zeit später nicht mehr in das Haus hineintraute, in dem er so schmählich behandelt worden war!
Kleine Nagetiere wie Streifenhörnchen, Goldhamster, Mäuse, Ratten oder Degus kommen meistens gut mit dem Kaninchen aus, werden aber oft auch ignoriert und versehentlich über den Haufen gerannt.
Auch mit Kleinvögeln oder Landschildkröten gibt es normalerweise keine Probleme. Lediglich Großpapageien bereiten unter Umständen Schwierigkeiten, wenn sie auf das Kaninchen eifersüchtig werden. Dann können sie es mit ihrem starken Kneifzangenschnabel durchaus schwer verletzen. Natürlich merkt sich ein nicht allzu ängstliches Kaninchen diese grobe Behandlung und versucht dann, dem Vogel bei passender Gelegenheit eins auszuwischen.

Die notwendige Pflege

Hinsichtlich der erforderlichen Arbeiten kann man das Kaninchen als pflegeleichtes Heimtier bezeichnen – was aber nicht dazu verleiten sollte, seine Pflege zu vernachlässigen.
Ein- bis zweimal wöchentlich muß der Käfig gereinigt werden. Entfernen Sie die alte Einstreu und das alte Zeitungspapier und reinigen Sie die Käfigwanne mit einem milden Haushaltsreiniger (keine scharf riechenden Mittel ver-

Können Freunde werden: Kaninchen und Degu

Rasselbande: Kaninchen und zahme Ratten

wenden!) oder etwas Essig (gegen Harnstein). Erneuern Sie dann das Papier und die Streu, und vergessen Sie nicht, auch altes Heu gegen frisches auszutauschen. Mindestens einmal im Monat sollten Sie auch das Gitter des Käfigs gründlich abwaschen.
Bei sehr heißem Wetter und hoher Luftfeuchtigkeit beschleunigt sich die Zersetzung der Kaninchenexkremente; das fördert die Vermehrung von Bakterien und Pilzen und lockt viele Fliegen an. Säubern Sie dann den Käfig lieber häufiger, um nicht die Gesundheit Ihres Langohrs aufs Spiel zu setzen. Wenn der Käfig zum Himmel stinkt, kann es schon zu spät sein! Trinkgefäße wie Näpfe und Trinkflaschen sollten mit heißem Wasser ausgespült werden, bevor Sie wieder frisches Trinkwasser einfüllen. Die eventuelle Veralgung der Flaschen können Sie mit einer Flaschenbürste entfernen.

Wichtig: Das Trinkwasser muß täglich erneuert werden!

Kontrollieren Sie auch regelmäßig den Futternapf, ob an ihm Grünfutterreste oder Kotkügelchen festgetrocknet sind oder sogar versehentlich etwas Urin hineingelangt ist und das Futter unbrauchbar gemacht hat.

Wichtig: Der Napf muß völlig trocken sein, bevor Sie ihn mit frischem Futter füllen, sonst kann es zu schnell verderben.

Fellpflege

Krallenschneiden

Daß Sie nicht gefressenes Grünfutter entfernen müssen, bevor es verdirbt, dürfte Ihnen klar sein.
Für die Pflege seines Körpers sorgt ein gesundes Kaninchen selbst.

Unser Tip

Bürsten Sie Ihr Kaninchen, besonders während des Haarwechsels, um die toten Haare zu entfernen und weil es das mag.

Wie man durch Anbieten harter Knabberkost verhindert, daß die ständig wachsenden Nagezähne zu lang werden, habe ich an anderer Stelle beschrieben. Auch die Krallen wachsen – wie unsere menschlichen Finger- und Fußnägel – ständig nach. Im Kapitel über die richtige Käfigeinrichtung finden Sie einen Tip, wie Sie dem Kaninchen die oft aufreibende Prozedur des Krallenschneidens ersparen können (siehe Seite 49).
Baden sollten Sie Ihr Kaninchen übrigens auf keinen Fall! Es kann sich dabei eine schwere Erkältung zuziehen und erleidet zumindest einen Angstschock. Es ist so reinlich wie eine Katze und verbringt ebensoviel Zeit mit der Körperpflege.
Erleichtern Sie Ihrem Kaninchen den Haarwechsel durch Kämmen und Bürsten mit speziellen Fellpflege-Hilfsmitteln. Fuchs-Zwergkaninchen benötigen ständige Fellpflege, damit ihr Langhaar nicht verfilzt; passiert das doch einmal, sollten die Knötchen nicht ausgekämmt (für das Kaninchen sehr schmerzhaft), sondern vorsichtig mit einer Schere mit stumpfen Enden herausgeschnitten werden. Verfilztes Langhaarfell führt zu

einem Hitze- und Feuchtigkeitsstau, dem das Tier zum Opfer fallen kann! Die Fellpflege anderer Langhaar-Rassen ist sehr viel aufwendiger, weshalb diese nicht für Anfänger in der Kaninchenhaltung geeignet sind.

Urlaubstips

Nur wenn Sie innerhalb des Landes verreisen, sollten Sie die Mitnahme des Tierchens in Erwägung ziehen. Der Grenzübertritt wird nämlich dadurch erschwert, daß ein Kaninchen zollrechtlich als „landwirtschaftliches Nutztier“ gilt und damit veterinärpolizeilichen Verordnungen und Bestimmungen unterliegt.
Geben Sie also im Falle einer Auslandsreise Ihr Kaninchen bei Verwandten oder Freunden in Pflege, oder bemühen Sie sich um eine Urlaubspension in einer Zoohandlung, in einem Tierheim oder in einer regelrechten Tierpension. Die Pflegekosten sind niedrig, und Ihr Tier ist in fachkundigen Händen. Einen Gefallen täten Sie Ihrem Langohr z.B. mit einer Spanienreise ohnehin nicht! Klima- und Ortswechsel machen ihm sehr zu schaffen, und kaum hat es den Schock der Hinreise verkraftet, geht es auch schon wieder zurück.

Wichtig: Soll Ihr Kaninchen Ihre Ferienreise mitmachen, dann erkundigen Sie sich vorher gut, ob Tiere im ausgesuchten Quartier überhaupt erlaubt sind.

- Fahren Sie mit dem Auto, muß der Käfig rutschsicher und vor Sonne geschützt verstaut sein. Füllen sie reichlich Heu in den Käfig, damit das Tier im Falle eines Bremsmanövers nicht geschleudert wird.
- Während der Fahrt gehört das Kaninchen in den Käfig und nicht auf den Schoß, auch wenn Ihre Kinder das nicht einsehen wollen! Nicht nur, daß es bei einer Vollbremsung nach vorn geschleudert würde, es könnte auch hinunterspringen und in den Fußraum des Wagens gelangen, wo es zwischen den Pedalen eine erhebliche Gefahr darstellt.

Befestigen Sie die Transportbox im Auto gut!

Entfernen Sie für die Fahrt Futter- und Wassergefäß aus dem Käfig, und machen Sie alle drei Stunden eine Pause, in der Sie den Käfig aus dem Wagen nehmen und dem Kaninchen einen Imbiß oder einen Erfrischungstrunk anbieten. Allerdings kann es durch die Fahrt so sehr verängstigt sein, daß es jede Nahrungsaufnahme verweigert! Übrigens: Es ist nicht schlimm, wenn das Tier während der durchschnittlich drei Urlaubswochen nicht täglich Auslauf erhält; für diese kurze Zeit kann es darauf verzichten. Nach der Rückkehr ist aber regelmäßiger Freilauf wieder Pflicht!

Vorbeugen ist besser als heilen

Durch sachgerechte Unterbringung, Fütterung und Pflege verringern Sie das Krankheitsrisiko Ihres Kaninchens erheblich. Auch hier heißt es: Vorbeugen ist besser als heilen! Auch wenn es manchmal so erscheinen mag: Ein Tier wird nie aus Bosheit krank, etwa um Ihnen den Wochenendausflug zu verderben, sondern in erster Linie durch Ihre Betreuungsfehler! Achten Sie also gut auf Krankheitszeichen, und wenden Sie sich an einen Tierarzt oder an einen erfahrenen Kaninchenzüchter, wenn Ihnen Ihr „Hoppel“ merkwürdig vorkommt. Selbst helfen können Sie praktisch nur bei Durchfall und Verstopfung.

Durchfall

Er entsteht durch Unterkühlung, Zugluft, verdorbenes oder falsches Futter oder feuchte Einstreu. Der Kot ist schmierig bis dünnflüssig und riecht übel. Halten Sie das Tier bei Zimmerwärme und zugluftfrei (vom Fußboden entfernen!), und verzichten Sie vorerst auf jede Art von Saftfutter. Geben Sie Trockenfutter, viel Heu und etwas gekochten, gut getrockneten Reis, dazu lauwarmen Kamillentee statt des Trinkwassers.

Verstopfung

Bei dieser Krankheit sitzt das Tier mit krummem Rücken und aufgetriebenem Leib im Käfig und nimmt kein Futter an. Bieten Sie dem Kaninchen reichlich Wasser an, dazu Salat und Möhren. Auch Bewegung trägt zur Heilung bei.

Trommelsucht

In der Wärme gegorenes, nasses oder zu kaltes (aus dem Kühlschrank verfüttertes) Grünfutter sowie blähende Futtermittel (siehe Seite 60) können die gefürchtete Trommelsucht hervorrufen. Auch hier ist der Leib des Kaninchens aufgedunsen, in diesem Fall durch Gasbildung im Darm. Das Tier hat Atemnot und wälzt sich beim Liegen häufig hin und her, da es Druckschmerzen spürt. Entfernen Sie sofort jegliches Futter, und suchen Sie einen Tierarzt auf. Trommelsucht endet oft tödlich, es ist also Eile geboten!

RHD (Rabbit haemorrhagic disease)

Auch Chinesische Kaninchenseuche oder Kaninchenschnupfen genannt: Diese höchst ansteckende Krankheit greift seit einigen Jahren sehr um sich. Erkrankte Tiere zeigen „Schnupfen" und Fieber; die Krankheit verläuft sehr schnell und endet mit dem qualvollen, von Nasenbluten begleiteten Tod des Kaninchens. Weder Behandlung noch Heilung ist bis heute möglich, doch gibt es eine vorbeugende Schutzimpfung, die jährlich aufzufrischen ist. Ansteckungsmöglichkeiten bestehen stets bei direktem Kontakt zu Wildkaninchen (etwa am Gitter eines Gartenauslaufes); auch Übertragung durch gesammeltes Futter scheint denkbar. Daher ist jedes nicht völlig von der Außenwelt abgeschirmte Kaninchen grundsätzlich RHD-gefährdet. Lassen Sie also sowohl Ihr neues als auch ein eventuell schon vorhandenes impfen!

Stellen Sie bei Ihrem Kaninchen Krankheitssymptome fest, sollten Sie direkt zum Tierarzt gehen

Sonstiges

Bei folgenden Symptomen sollten Sie ebenfalls möglichst bald zum Tierarzt gehen und keinesfalls selbst herumdoktern: Husten, häufiges Niesen, Ausfluß aus Nase und Augen, Schwellungen, starke Abmagerung, kahle Stellen im Fell, krampfartige Zuckungen und (achten Sie auf den Unterschied zum obengenannten!) Durchfall in Verbindung mit Blähungen. Die Gründe für die Erkrankungen sind vielfältig, und für den Laien ist es oft schwierig, eine richtige Diagnose zu stellen. Machen Sie sich darauf gefaßt, daß die Behandlungskosten durchaus höher sein können als der Anschaffungspreis; doch ein Tier ist kein Einrichtungsgegenstand, den man wegwerfen und durch einen neuen ersetzen kann! Wenn bei Ihnen diese Überlegung auch nur am Rande in die Entscheidung zur Behandlung mit hineinspielt, dann taugen Sie nicht zum verantwortungsbewußten Tierhalter.

Wichtig: Kotfressen ist lebensnotwendig! Mit dem sogenannten Blinddarmkot scheidet das Kaninchen nämlich wertvolle Nährstoffe aus, die es durch Fressen dieser speziellen Kotkügelchen sofort wieder dem Körper zurückführt. Hindert man es daran, dann stirbt es!

Wenn Sie bei Ihrem Kaninchen eines der in der Tabelle aufgeführten Symptome feststellen, sollten Sie sofort den Tierarzt aufsuchen.

Checkliste *Krankheitssymptome*

- *Nasenfluß, Niesen, feuchte Vorderbeine (mit denen die laufende Nase abgewischt wird)*
- *Husten und ungewöhnliche Atemgeräusche*
- *tränende Augen, Augenränder gerötet und/oder geschwollen*
- *trübe Augen („Grauschleier“)*
- *überlange Zähne*
- *aufgedunsener und brettharter Bauch, Tier wälzt sich unruhig herum*
- *kahle Stellen im Fell, häufiges und ausgiebiges Kratzen*
- *Abmagerung*
- *Schwellungen*
- *Durchfall*
- *Krämpfe und krampfartige Zuckungen*
- *blutige Fußsohlen (auf ungeeignetem Untergrund wundgesessen)*
- *apathisches Verhalten*
- *unsichere Bewegungen*

Die Kaninchenfamilie

Der Kinderwunsch und seine Folgen

Die Kaninchenzucht – und sei es auch nur die Aufzucht eines einzigen Wurfes – erfordert gewisse Entscheidungen, die rechtzeitig vorher getroffen werden sollten.

- Während der Aufzucht braucht das Muttertier viel Ruhe, sonst verläßt oder tötet es gar seine Jungen. Sie und Ihre Kinder müssen daher während dieser Zeit auf Ihr Streicheltier verzichten.
- Junge Kaninchen brauchen Platz, um sich austoben zu können. Das heißt also, daß Sie nicht nur ein Tier beim Freilauf in der Wohnung im Auge behalten müssen, sondern mehrere.
- Auch mehr Käfigraum ist erforderlich. Vielleicht haben Sie nicht für jedes Tier sofort einen Abnehmer; dann muß es bis zur Abgabe in einem ordentlichen Käfig untergebracht sein.
- Ebenso erhöht sich der Futterverbrauch und damit der Stoffwechsel. Kleinvieh macht bekanntlich auch Mist, und Kleinvieh mit Jungen dementsprechend mehr. Damit verlangt die Käfigreinigung natürlich auch mehr Zeit.

Falls Sie zu all diesen Zugeständnissen bereit sind, steht einem Zuchtversuch nichts mehr im Wege.

Die Kaninchenhochzeit

Für die Verpaarung zweier Kaninchen ist es wichtig zu wissen, daß immer die Häsin zum Rammler (Kaninchenmännchen) gesetzt werden muß und nicht umgekehrt. Auch eine paarungsbereite Häsin behandelt nämlich den Rammler wie einen Eindringling in ihr Territorium und traktiert ihn mit Zähnen und Krallen. Im ihr fremden Käfig des Rammlers ist sie hingegen verunsichert und läßt die Annäherung des Männchens normalerweise kampflos zu. Falls Sie also nur ein einzelnes Weibchen besitzen, dann bringen Sie es zu einem Züchter oder einem Bekannten, der den ausgesuchten Rammler hält. Die Paarungswilligkeit des Weibchens erkennt man außer an den leicht angeschwollenen und geröteten Geschlechtsteilen noch an der Unruhe der Häsin, die viel im Käfig scharrt und ein Nest zu bauen versucht.

So werden „Kaninchen gemacht“

Die paarungsbereite Häsin wird vom Rammler mit brummelnden Lauten umbalzt, wobei er mit merkwürdig hochgerecktem Hinterteil um sie herumhoppelt und sie eventuell auch mit Urin bespritzt. Mit diesem kaninchentypischen Markierungsverhalten will er die Häsin als seinen Besitz kennzeichnen. Schließlich kommt es zur Paarung, bei der sich die Häsin lang und flach macht und das Hinterteil anhebt. Der aufreitende Rammler beißt sich im Nackenfell der Häsin fest und begattet sie. Es kann auch vorkommen, daß die Häsin im letzten Moment ausweicht und so eine erfolgreiche Paarung verhindert.
Ist der Deckakt gelungen, rutscht der Rammler seitwärts von der Häsin herunter und bleibt kurze Zeit ermattet und heftig atmend neben ihr liegen. Nach der Paarung kann man die Tiere wieder trennen.

Geburt und Aufzucht der Jungen

War die Paarung erfolgreich, zeigt die Häsin nach einigen Tagen wieder Unruhe, die sich erneut durch Scharren und Nestbauversuche äußert. Die trächtige Häsin braucht jetzt nicht nur eine besonders ausgewogene Ernährung, sondern vor allem viel Ruhe. Nehmen Sie sie bitte nicht hoch (nur wenn es nicht zu vermeiden ist), und tragen Sie den Käfig nicht hin und her. Sorgen Sie für reichlich Trinkwasser, und geben Sie ihr viel Heu und Stroh, woraus die Häsin ein Nest bauen kann. Man kann ihr auch schon nach der erfolgten Paarung eine Wurfkiste in den Käfig stellen, in der sie dann ihr Nest baut. Dort fühlt sie sich besonders sicher, stammt doch das Hauskaninchen vom höhlenbewohnenden Wildkaninchen ab.
Die Tragzeit dauert zwischen 28 und 31 Tage. Das Kaninchen bekommt dabei je nach Anzahl der zu erwartenden Jungen einen mehr oder weniger starken Bauchumfang. Ungefähr eine Woche vor dem Werfen beginnt die Häsin, sich Wolle aus dem Bauchfell zu zupfen, um damit das Nest auszupolstern, damit die nackt und blind geborenen Jungen eine warme Unterlage haben.

Daß die Geburt erfolgt ist, erkennen Sie an der plötzlichen Schlankheit Ihrer Häsin. In den ersten Tagen nach dem Werfen ist sie auch besonders störungsanfällig.
Ein bis zwei Tage nach der Geburt sollten Sie die Häsin einmal mit Futter oder Streicheleinheiten ablenken, wenn sie sich außerhalb des Nestes befindet, und vorsichtig das Nest kontrollieren. Nehmen Sie keine Jungtiere in die Hand, sondern entfernen Sie allenfalls tote Tiere und eventuell noch vorhandene Nachgeburtsreste.
Normalerweise verzehrt die Häsin die Nachgeburt völlig. Der biologische Sinn dieses Verhaltens besteht darin, daß auf diese Weise erstens stark riechende, das Nest verschmutzende Geburtsreste beseitigt werden, bevor sie Raubtiere anlocken, und daß zweitens die in der Nachgeburt enthaltenen Hormone nach dem Verzehr die Milchproduktion zusätzlich anregen.

Kaninchen kommen blind, taub und nackt zur Welt. Dieser Wurf ist etwa drei Tage alt

Die Zahl der Jungen hängt auch von der Rasse ab. Reinrassige Farbenzwerge haben selten mehr als vier, rasselose Kleinkaninchen bis zu acht und größere Rassen im Ausnahmefall bis zu zwölf.
Im Gegensatz zu anderen Tieren erhalten junge Kaninchen von ihrer Mutter nicht viele kleine Milchmahlzeiten, sondern oft nur eine einzige größere pro Tag.

Wichtig: Auch wenn das freiliegende Nest dazu verleitet: Fassen Sie nicht ständig hinein, sondern werfen Sie nur einen täglichen Kontrollblick auf die Jungen! Störungen können dazu führen, daß die Häsin ihren Nachwuchs verläßt.

Drei Wochen lang ernähren sich die Kleinen ausschließlich von Muttermilch, dann beginnen sie mit der Aufnahme von festem Futter. Mit sechs Wochen sind sie entwöhnt. Frühestens jetzt kann man sie von der Mutter trennen, doch sollte man ihnen noch zwei weitere Wochen gönnen, bevor man sie aus der Familie reißt.

Mit ihrem großen, runden Kopf gehören Kaninchenbabys zu den entzückendsten Tierkindern

Was tun, wenn die Häsin stirbt?

Geschwächt durch die Geburt oder durch eine Erkrankung, kann es dazu kommen, daß eine säugende Häsin stirbt und ein Nest voller hungriger Jungkaninchen hinterläßt. Was dann? Ich selbst stand – glücklicherweise – noch nicht vor diesem Problem und kann daher auch nur die Erfahrungen anderer Kaninchenhalter an dieser Stelle wiedergeben. Sind die Jungen noch keine Woche alt, besteht nur der Hauch einer Chance, ihr Leben zu retten. Ältere Jungtiere lassen sich mit der Flasche oder in seltenen Fällen mit Hilfe einer Amme aufziehen.
Beim Versuch der Aufzucht mit einer Amme müssen Sie – soweit Sie nicht selbst ein zweites säugendes Weibchen haben – ein solches bei einem anderen Züchter ausfindig machen. Dieses ist dann für mindestens eine halbe Stunde vorsichtig daran zu hindern, das Nest mit seinen Jungen aufzusuchen. Darin müssen nämlich die fremden Jungen mit denen der Häsin zusammengelegt werden, um den Nestgeruch anzunehmen, da fremdriechende Jungtiere von der Häsin nicht angenommen und unter Umständen sogar getötet werden. Nach Ablauf der Zeitspanne kann die Häsin wieder zu ihren Jungen gelassen werden. Bleibt sie völlig ruhig und betreut die gemischte Jungtiergesellschaft, dürfte der Versuch gelungen sein; es ist unwahrscheinlich, daß sie später noch Feindseligkeit zeigt. Ist sie unruhig, muß sie noch etwa eine Stunde lang gut beobachtet werden, ob sie die „Kuckuckseier" bemerkt oder gar angreift. Kaninchen wissen nicht, wie viele Jungtiere sie haben; alles, was nach ihrem Nest riecht, wird als eigener Nachwuchs betrachtet. Die Zahl der Jungen läßt sich jedoch nicht beliebig erhöhen. Hat die als Amme in Frage kommende Häsin selbst sehr viele Junge, kann sie kaum noch zusätzliche großziehen. Die besten Chancen hat man bei einer Häsin mit nur ein oder zwei Jungen. Nimmt sie die fremden nicht an, kann man einige Stunden später einen zweiten Versuch wagen. Scheitert auch dieser, bleibt nur noch die Möglichkeit der Flaschenaufzucht.

Für die Handaufzucht benötigen Sie eine kleine Nuckelflasche, wie es sie als Puppenzubehör oder mit Liebesperlen gefüllt zu kaufen gibt. Im Notfall leistet auch eine Pipette gute Dienste. Die Kleinen müssen an das Saugen aus diesen Hilfsmitteln gewöhnt werden, was schon ein wenig Geduld erfordert. Als Nahrung eignet sich Babymilch oder notfalls auch ungezuckerte Kondensmilch, die im Verhältnis 50:50 mit Wasser verdünnt und mit einem Vitaminpräparat angereichert wird. Mit dem Älterwerden der Jungtiere können auch dünner Haferschleim und Möhrensaft hinzugefügt werden. Fragen Sie vorsichtshalber einen Tierarzt oder zeigen Sie ihm die verwaisten Jungkaninchen, er kann Ihnen mit Sicherheit noch wertvolle Ratschläge geben.
Wie viele Mahlzeiten die Jungen am Tag brauchen, darüber sind die Fachleute geteilter Meinung. Wild- und Hauskaninchen säugen ihre Jungen in der Regel nur einmal in 24 Stunden, so daß eine einmalige tägliche Fütterung am natürlichsten erscheint. Manchmal werden aber auch vier bis sechs tägliche Fütterungen mit jeweils kleineren Milchmengen empfohlen, doch dürfte dies nur bei sehr schwachen Jungtieren notwendig sein.

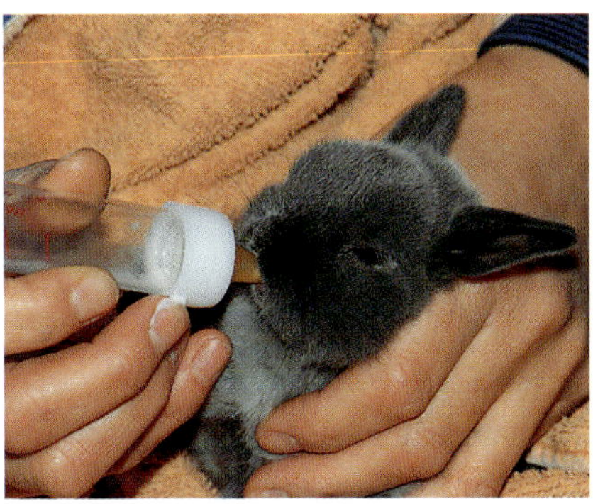

- Junge Kaninchen brauchen viel Wärme. Am besten ist eine Wärmflasche, die Sie unter das Nest schieben und regelmäßig neu füllen. Die Temperatur sollte jedoch 32°C nicht übersteigen. Auch die Nahrung darf – wie bei menschlichen Babys – nicht kalt gereicht werden, sondern muß Körperwärme haben.
- Massieren Sie jedem Kaninchen nach der Mahlzeit sanft den Bauch. Sie imitieren damit das Lecken des Muttertieres, das so die Verdauung seiner Sprößlinge anregt. Ohne diese Maßnahme kann es zu Verdauungsschwierigkeiten bei den Jungen kommen, die sogar zum Tod führen können.

Gelingt Ihnen die Handaufzucht, können Sie damit rechnen, besonders zahme und anhängliche Jungkaninchen zu haben. Allerdings fällt es Ihnen dann bestimmt sehr schwer, sich von Ihren „Flaschenkindern“ zu trennen, wenn sie herangewachsen sind!

„In gute Hände abzugeben ...“

Wohin nun mit dem Kindersegen? Im Idealfall sollten Sie sich schon vor der Geburt der Jungen nach geeigneten Abnehmern umgesehen haben, eher sogar noch vor der Verpaarung der Elterntiere.

- Fragen Sie Verwandte, Freunde oder Ihren Zoofachhändler, ob Interesse besteht. Falls Sie ein Rassekaninchen haben, könnte sogar ein Züchter am Nachwuchs interessiert sein, vor allem, wenn der Vater zu seinem Zuchtbestand gehört hat.
- Führen Sie dem Zoohändler das Muttertier vor, wenn es sich um einen rassereinen Farbenzwerg handelt. Er kauft ungern die Katze im Sack in Form junger rasseloser Kaninchen, denen man ihre spätere Größe nicht ansehen kann. Echte Zwergkaninchen sind für ihn besser verkäuflich und somit interessanter.
- Falls Sie über eine Annonce Abnehmer suchen, laden Sie diese einmal ein, wenn die jungen Kaninchen vier Wochen alt sind, und lassen Sie die Interessenten schon ein Tier auswählen, das sie sich vier Wochen später abholen können. Damit schützen Sie Ihr Jungkaninchen vor Spontankäufern,

So niedlich sie auch sind: Sie können nicht alle behalten!

die schnell wieder das Interesse an ihrem Heimtier verlieren. Tierfreunde, die bereit sind, auf ihr Kaninchen noch vier Wochen zu warten, haben in der Regel wirklich ernsthaftes Interesse und kommen auch wieder; die Wahrscheinlichkeit, daß Ihr Kaninchen in gute Hände kommt, ist dadurch wesentlich größer.
- Noch ein Hinweis: Verschenken Sie Ihre Jungtiere nicht über eine Annonce, wenn Ihnen deren Zukunft nicht gleichgültig ist. Es kann nämlich passieren, daß sich ein Terrarianer meldet, der Futter für seine Riesenschlangen sucht! Schlangen sind zwar sehr schöne Tiere und wollen schließlich auch leben, aber diesen Weg sollten doch Ihre Stubenkaninchen nicht gehen, oder ...? Verlangen Sie ruhig Geld für die Kleinen. Ein wirklicher Tierfreund versucht nicht zu feilschen!

Anhang

Literatur

Alderton, David:
Kaninchen und Meerschweinchen,
Kynos, Mürlenbach 1995

Altmann, Dietrich: Zwergkaninchen,
Ulmer, Stuttgart 1995

Beck, Peter:
Liebenswerte Zwergkaninchen,
Franckh-Kosmos, Stuttgart 1995

Dieker, Andrea / Steinkamp, Jutta:
Unser Zwergkaninchen,
Franckh-Kosmos, Stuttgart 1994[5]

Grün, Peter: Kaninchen halten,
Ulmer, Stuttgart 1995

Schmidt, Horst: Zwergkaninchen
und kleine Rassen, Landbuch,
Hannover 1992[2]

Wegler, Monika: Zwergkaninchen
richtig pflegen und verstehen,
Gräfe & Unzer, München 1994[4]

Weißenberger, Karl: Kaninchen-
rassen, Landbuch, Hannover 1994[3]

Weißenberger, Karl: Kaninchenzucht,
Landbuch, Hannover 1994[3]

Kontaktadressen

Deutschland

ZDK – Zentralverband Deutscher
Kaninchenzüchter e.V.,
Krefelder Str. 130
41063 Mönchengladbach
Tel.: 0 21 61/60 23 31

Österreich

Rassezuchtverband Österreichischer
Kleintierzüchter (RÖK); Kaninchen:
Franz Sturmberger
Negrellistr. 8
A-4053 Haid
Tel.: 00 43/72 29/8 14 69

Schweiz

Kaninchenzuchtverband in der
Schweiz:
Richard Piccinin
Weißenbühlweg 43
CH-3007 Bern
Tel.: 00 41/31/3 72 19 75
Fax: 00 41/31/3 72 30 73

Register

Kursive Seitenzahlen verweisen auf Abbildungen.

Vom selben Autor sind im FALKEN Verlag erhältlich:
„Alles über Chinchillas und Degus" (Nr. 1130)
„Zahme Ratten" (Nr. 2287)
„Zwerg- und Goldhamster" (Nr. 1734)

Sie finden uns im Internet: **www.falken.de**

Dieses Buch wurde auf chlorfrei gebleichtem und säurefreiem Papier gedruckt.

Beim vorliegenden Buch handelt es sich um eine aktualisierte und neugestaltete Ausgabe des bereits unter dem Titel „Alles über Zwergkaninchen" (Nr. 1075) erschienenen Bandes.

ISBN 3 8068 1680 8

Umschlaggestaltung: Peter Udo Pinzer
Layout: David Barclay, Neu-Anspach
Redaktion: Anna Jenrich/Dr. Gabriele Schweickhardt
Herstellung: Reckels, Schneider-Reckels & Weber, Wiesbaden
Fotos: Bildagentur IPO, Linsengericht: S. 42 u. 91; **Reinhard-Tierfoto,** Heiligkreuzsteinach: S. 2/3, 5, 19, 31 li., 87, 89; **Christine Steimer,** Wölfersheim: S. 1, 4 u., 6, 7, 10, 11, 12, 13, 14 o. re. und u., 21–23, 27, 31 re., 34, 35, 36 re., 37, 39, 41, 44, 46, 48 re., 50, 51, 53, 55–57, 58 o., 59 re., 61, 66, 69 li., 71, 74, 75 o., 77, 78 li., 80, 81, 82, 84, alle übrigen Fotos stammen vom Autor

Satz: Ute Weber GrafikDesign, München
Druck: Appl, Wemding

817